流量时代

思维迭代，精准获客

王桉昱 ◎ 著

图书在版编目（CIP）数据

流量时代：思维迭代，精准获客/王桉昱著.—北京：中国铁道出版社有限公司，2023.12
ISBN 978-7-113-30509-3

Ⅰ.①流… Ⅱ.①王… Ⅲ.①网络营销 Ⅳ.①F713.365.2

中国国家版本馆 CIP 数据核字（2023）第 161661 号

书　　名：	流量时代——思维迭代，精准获客 LIULIANG SHIDAI：SIWEI DIEDAI，JINGZHUN HUOKE
作　　者：	王桉昱

责任编辑：	奚　源	编辑部电话：(010) 51873005	
封面设计：	王　磊　尚明龙		
责任校对：	安海燕		
责任印制：	赵星辰		

出版发行：	中国铁道出版社有限公司（100054，北京市西城区右安门西街 8 号）
网　　址：	http://www.tdpress.com
印　　刷：	河北京平诚乾印刷有限公司
版　　次：	2023 年 12 月第 1 版　2023 年 12 月第 1 次印刷
开　　本：	710 mm×1 000 mm　1/16　印张：18　字数：216 千
书　　号：	ISBN 978-7-113-30509-3
定　　价：	68.00 元

版权所有　侵权必究

凡购买铁道版图书，如有印制质量问题，请与本社读者服务部联系调换。电话：(010) 51873174
打击盗版举报电话：(010) 63549461

序言

在全球化、数字化以及社交媒体的浪潮下,消费者的行为和偏好发生了翻天覆地的变化,这为企业带来了前所未有的机遇和挑战。传统的思维模式和经营方式已经无法适应当前的市场环境,因此,许多企业陷入了前所未有的困境。为了在竞争激烈的市场中生存和发展,企业必须具备一种独特的优势,那就是流量!

流量是信息时代的关键概念之一,推动着各行各业的发展。在商业领域,流量的多少直接反映了客户的关注度。因此,吸引更多的流量意味着获得更多的潜在客户和销售机会。

虽然流量不能代表一切,但没有流量会使企业处处受阻。这就像一个非常好的产品,如果没有流量关注和知名度,谁会来购买呢?作为企业的经营者,我们必须认识到流量的重要性,摒弃旧有的思维模式,积极探索新的方向，利用流量来引领市场、拓展业务。

在这个充满变革的时代，我们需要紧跟潮流，不断学习和创新，以应对日益激烈的市场竞争。

面对流量时代的挑战，许多企业感到困惑，不知如何有效地引流并充分利用其资源。为此，我投入了大量的时间和精力来收集和整理相关的行业案例和经验。希望通过本书，帮助大家理解流量思维及其重要性，掌握获取流量的策略和实现转化的关键技巧，并揭示成功企业在流量时代如何取得突破的秘密。

在本书中，我也分享了自己在经营企业和产品营销领域积累的多年经验，提供实用的指导策略和方法，使企业在应对挑战的同时，还能在竞争激烈的商业环境中脱颖而出。然而，仅拥有流量是远远不够的，一家企业要想在市场中立于不败之地，还需要想方设法将流量转化为稳定的用户群，这样才能建立起可持续的竞争优势！

众所周知，流量本质上是数量和时间的集合体，在不同的社会发展阶段，流量呈现出来的特点也有所不同。例如，在当前，私域流量在商业环境中占据着重要的地位，其价值甚至超过公域流量。因此，深度挖掘私域流量潜力、培养和管理用户黏性、提高用户留存率，将成为企业获得可持续竞争优势的重要手段。

在本书中，我分享了打造私域流量的实用策略和方法，深入研究粉丝心理，掌握他们的需求和爱好。通过精心策划和互动，将旁观者转化为粉丝，让粉丝成为企业引流的源泉，实现精准引流和持续增长的流量转化。

在新时代营销思路中，全员参与引流是企业发展的必然趋势。企业需要利用社交媒体、搜索引擎优化、内容营销等多种渠道挖掘用户需求，提供有价值的内容，获得关注并进行有效传播。只有精准的流量，才能为企业发展带来高价值！

无论线上还是线下，流量都是销售的基础，是稀缺的资源。企业在争夺流量的背后，实际上是在争夺用户！

在撰写本书的过程中，我深入聆听企业家的声音，并进行了大量的调查研究，梳理了众多数据和案例，以期提供一本全面且实用的指南，帮助大家在流量时代站稳脚跟，赢得商战。

本书从理论到实践、基础知识到高级技巧、渠道策略到用户转化，涵盖了流量获取的全过程。无论是初学者还是流量领域的实践者，本书都将为其提供宝贵的参考和指导。

最后，衷心感谢在本书撰写过程中给予我支持和帮助的人，谢谢你们的鼓励和信任。同时，感谢一直关注我的读者,是你们的支持与厚爱,让我更加坚定了出版此书的决心与信心。

期待本书能激发各位读者的思考并带来启示,也祝愿每一位读者在流量时代找到自己的优势,创造更强的商业价值,并拓展生活的无限可能性!

王桉昱

2023年7月8日于北京

目录

第一章 受限于流量的企业困境

01　困于"围城"的企业 / 3

02　"围城"中的流量危机 / 6

03　好产品也需要流量支持 / 10

04　流量是一种资源 / 18

05　争夺流量 / 22

第二章 掌握流量密码

01　流量到底是什么 / 31

02　流量的本质在于营销 / 38

03　引流的关键是与用户连接 / 47

04　流量进化的路径 / 53

05　制造流量的途径 / 61

第三章　有思路才有出路

01　人人皆可引流 / 67

02　迭代引流思路 / 71

03　万物皆可互联 / 74

04　打造精准流量的高价值 / 80

05　流量转化与成交 / 83

06　用户至上 / 88

07　利他引流策略 / 94

08　寻找自身价值 / 98

09　创造生态链 / 101

第四章　私域流量大于公域流量

01　发挥公域流量价值 / 107

02　私域流量的载体 / 111

03 运营私域流量 / 114

04 公域转化为私域 / 117

05 提高私域流量成交率 / 122

第五章 读懂粉丝的心理

01 用户和粉丝 / 127

02 粉丝的心理类型 / 132

03 为粉丝制造惊喜 / 137

04 把陌生粉转化为忠实粉丝 / 142

05 让粉丝引流 / 145

第六章 突破流量困局

01 获取流量的前奏 / 149

02 寻找流量企业的优势 / 152

03 从线下到线上，实体店到网络 / 157

04 常见的引流方法 / 162

05 创新企业经营平台模式 / 166

第七章 引流的关键在于营销

01 寻找用户爆点 / 175
02 引爆市场的话题 / 184
03 创造价值的内容 / 190
04 用图片和视频吸引用户 / 201
05 借助热点事件进行营销 / 207

第八章 品牌永远是引流的利器

01 品牌的号召力 / 215
02 品牌定位 / 220
03 口碑营销 / 225
04 蓄养品牌势能 / 228
05 打造柔性品牌 / 232

第九章 线上线下引流

01 搜索引擎的作用 / 237
02 微信引流 / 241
03 App 引流 / 247
04 直播营销新潮流 / 251
05 裂变营销 / 254
06 玩转"饥饿营销" / 258
07 社群引流 / 262
08 跨界营销新玩法 / 266
09 爆品营销 / 270

第一章

01

受限于流量的企业困境

当前，我们正处于互联网时代，人们接收信息的方式变得更加多样化。信息传播模式从单向传播转变为双向选择，用户能够在很大程度上主动选择信息，这使得传统的广告方式逐渐失去效力。

随着社会的发展，获取信息的成本不断降低，但信息的透明度也随之提高。同时，越来越多的媒体平台涌现出来，推动了各行各业的技术发展和客户群体的精准划分，为企业带来了更多的流量和机遇。然而，在互联网时代，流量竞争愈发激烈，许多企业遭遇了发展瓶颈。

01 困于"围城"的企业

近些年,随着经济的蓬勃发展和市场竞争力的不断提升,商业环境变得愈发复杂,许多企业正面临前所未有的挑战,只能在困境中挣扎求生。尤其是当移动互联网时代到来,人们获取信息的方式变得更加多元,信息传播模式从单向传播转变为双向及时反馈,用户能够在更大程度上主动选择信息,这使得消费者与企业之间的联系日益疏离。一些企业陷入了僵局,如同迷失方向的羔羊,无法找到出路。

迷路后,先抛弃旧思路

在流量时代的冲击下,一些企业陷入了增长困境。事实上,有的企业早已意识到这个问题,但现在流量成本越来越高,获客成本也随之增加,没有形成有效的消费者信息沉淀,这不仅浪费了资金,还导致客户流失。

因此,许多企业仍沿用之前的销售模式,这也是企业陷入困境的原因之一。

虽然很多企业已经认识到自己面临的危机并希望改变,却无从下手。这并不是因为企业经营者缺乏决心和热情,也不是因为企业缺乏实用人才,而是缺乏思路和方法,以及一套合理的引流体系。

如今,获取客户的信息成本不断上升,加上租金、劳动力和生产资金等方面的压力,一旦这些成本长期高于客户创造的价值,企业将难以为继,更别说提供更好的服务和产品了。

那么,对于企业来说,如何才能突破眼前的困境呢?其实,最便捷快速的方法就是通过移动互联网引流。

去探路,寻找新方向

互联网就像一个巨大的流量池,无数的潜在客户蕴藏其中。在过去,网络的主要流量都集中在各种网站上,企业只要将网页内容做好,并发布一些有价值的软文,就可以轻松获取流量。现在,随着移动互联网的发展,各类新媒体平台层出不穷,除了工作需求以外,人们停留在网页上的时间越来越少,而把更多的时间投到使用手机上。

只有尽快摒弃旧有的引流方式,寻找新的流量平台,才能为企业赢得更多的关注,例如,企业可以利用一些流量巨大的平台来为自己引流。

在国外,以视频广告为商业模式的手机应用软件流量大,而国内视频赛道越来越多,如爱奇艺、腾讯视频、今日头条、西瓜视频、抖音、哔哩哔哩等。

无论是国内还是国外,几乎所有企业要做的,就是利用这些平台,提供能够吸引用户的内容,以获取流量。

数据统计,2021年排名前100名的广告商将自己在平台广告上的投资增加了50%。

企业可以通过高质量的内容,吸引精准的粉丝群体,并针对粉丝的兴趣建立属于他们的社群。

粉丝不仅是内容的消费者,也可以是社群的成员。他们的评论、娱乐，甚至对流行文化也产生了深远的影响。这些粉丝在这里寻求乐趣。

找出路，先走"小路"

在众多企业寻求新的发展机遇时，普遍存在跟随潮流、盲目模仿的现象。然而，当众人踏上同一条道路时，竞争将变得异常激烈，落后者只能望尘莫及。因此，企业需要学会开拓独特的"小径"，以脱颖而出。例如，为热爱花卉的人开辟一条充满芬芳的路径；为向往乡村风光的人构建一片田园诗意的景致。

在移动互联网时代，内容越贴近受众需求、具有精准性，与受众之间的联系就越紧密，从而为受众提供更多的归属感。然而，当前许多企业的弊端在于内容不够精准，仍然停留在过去的广泛覆盖策略上。在信息高度发达、内容繁杂的今天，这种"撒网式"的做法犹如在大海捞针，企业的内容一旦投入互联网的海洋，难以引起关注。

因此，企业引流的关键和难点在于如何制作精细化、精准化的内容，找到属于自己的流量池，以有效吸引用户并与用户建立紧密关系。当一些小众内容逐渐增长时，它将吸引大量流量，同时提高知名度。为何许多个人博主能在不投入资金的情况下吸引千万粉丝，而企业官方号却在花费大量资金购买流量后仍难以吸引观众？原因之一在于个人身份更容易拉近与粉丝的距离，而个人账号在内容上更具亲民性、大众性，比许多品牌号更生动有趣。因此，企业号也可以拟人化，为自己的品牌塑造个性，打造独特的形象。

在自媒体时代，每个人都可以打造自己的品牌。对于企业而言，更是如此。如今，有趣且有用的内容更能吸引流量。

总之，企业获取业务增长的秘诀之一是通过有趣、有价值的内容获取流量。然而，如何有效地获取流量仍是许多企业面临的难题。

02 "围城"中的流量危机

近年来,个别传统企业遭遇现代互联网的冲击,生意越来越难做。以前,只要你敢闯敢干,就有市场做。现在,竞争越来越激烈。因为随着移动互联网的快速发展,流量获取变得越来越难,即使是天猫、京东、拼多多等大平台也都在面临流量难题。传统商业模式,尤其是传统企业,如果找不到合适的引流方式,很容易被现代互联网淘汰。

人的生命之源是水,而企业的生命之源是流量。只有持续的流量,才能实现更多的交易,营业额才能不断增长。

被困在"围城"中的企业,不仅要面对外部的竞争对手,还要解决内部的引流问题。可惜的是,很多人看到的只是外部和自己争夺流量的对手,却忽略了城墙下早已堵塞的旧渠。

水源已经枯竭了,即使你用尽全力去疏通也是徒劳的。最好的办法就是寻找新的水源,开凿新的渠道,才能将生命之源引进城内。

从前,流量大多来自线下,而现在几乎都集中在线上。企业不应该再花费大量精力清理旧有的渠道,而是要挖掘新的渠道,注入新的活力。

消费场景由线下转线上

近年来,我国的消费场景发生了巨大变化。过去,许多人在线下购买商品时更多是基于个人生活体验的考虑。然而,随着移动互联网的发展,越来越多的人开始用手机购物。以前需要出门步行或乘车去商场购物,而现在,人们可以在家里、躺在沙发上轻松购物。

如今,消费场景已经从线下转移到了线上,从商场变成了家里。这给传统企业带来了挑战。在信息透明的时代,用户可以通过手机同时浏览数百家同类产品。因此,如何让用户在手机购物时选择并购买自己的产品成为许多企业面临的最大难题。

即,引流是目前企业面临的最大难题。

某电商每年向国内最大的流量平台投资约40亿元来购买流量。即使是大型企业也面临着流量危机,小企业更是如此。有时候你会发现营业额下降了,并不是消费者不购物,而是他们分散在其他地方购买。

人们的购买行为和方式已经发生了翻天覆地的变化。虽然有些人仍然在线下购物,但更多的人选择在手机和电脑上购物。商家的门槛也越来越低,只要拥有一部手机,任何人都可以成为卖家。

实际上,很多人都在创业,企业的流量竞争对手不仅包括同行,还有无数个人自媒体。这些自媒体线上销售能力并不比企业弱。因为当人们购买商品时,他们往往会更倾向于信任熟人。相比之下,自媒体与粉丝的距离更近,因此更能获得他们的信任。

因此,消费场景的转变意味着企业不能再用过去的方式去面对面拉近与客户的距离。他们需要及早学习或采用自媒体亲近粉丝的方法来应对这种变化。

如何解决流量焦虑

随着流量竞争的加剧和消费场景的转变,传统的销售方式已经无法帮助企业获得用户的信任和实现购买。因此,不少企业都面临着流量焦虑。

那么,如何解决流量焦虑呢?

首先,需要认识到流量依赖于企业与用户之间的连接,而创造用户价值是形成连接的前提。只有管理好现有用户,才能通过后续的口碑营销进一步巩固与用户的关系。因此,用户运营不应该以产品为中心,而要以用户为中心。

其次,提供满足不同层次、不同需求的针对性产品和服务,才能为用户带来极致体验,从而获得更好的口碑。这就是精细化运营的意义所在。

传统社交平台的红利正在消失并趋于僵化,而短视频平台迅速崛起。这些平台在积极构建自己的私域流量池的同时,也为企业和创业者提供了更多的流量来源,帮助他们引流并构建私域流量池。

微信公众号、小程序、抖音等渠道已经成为私域流量池建设和管理的常用工具,运营仍然是企业寻求客户、促进增长的重要途径之一。

总之,解决"流量焦虑"最好的办法是提供优质的服务和挖掘企业的价值。这不仅是企业建立护城河的基础,也是品牌获得新生的必然选择。

流量危机导致产品危机

在互联网时代,即使是街边小摊贩也在不断改变模式以获取流量。

国内已经掀起了一场激烈的流量争夺战,中小企业深陷其中,它们认为如果想要做好生意,就必须投入营销、开发新客户,甚至要不惜代价从公域流量平台购买流量。然而,高额的引流费用已经压低了许多企业的利润。这些花钱买来的流量如果不能留存下来,也无法帮助企业实现长期发展。

如果企业想在各大平台上推广产品,就必须在各大平台投入大量资金和时间。由于不同平台的算法、机制,企业不仅需要花费更多的资金,还要花费更多的时间来运营,导致营销成本不断上升。

因此,在当前的流量争夺中,营销成本越来越高,这导致越来越多的企业无法将更多的精力投入产品和服务的打磨上。没有好的产品,即使获得了一定的流量,也无法实现长期发展。

然而,即使有好的产品,如果没有流量,也很难被用户发现和认可。如今,"酒香不怕巷子深"的时代已经过去,企业必须积极推广自己的好产品,否则用户可能已经在家使用手机购买其他企业的产品了。

03　好产品也需要流量支持

有些人认为，流量是关键，一旦解决了流量问题，企业 90% 的经营问题将迎刃而解。还有一些人则认为，好的项目和产品可以自然获得流量。

然而，这两种观点都过于极端。虽然流量对于企业生存至关重要，但流量并不是万能的。这就好比一个广告再好，如果产品本身不行，那么即使有流量，也无济于事。

事实上，现在市场上并不缺乏好产品。商家复制产品的能力非常强，一旦某个产品畅销，很快就会出现类似的替代品。除非你的产品具有不可替代性，否则即使有流量，也无法保证长期畅销。

因此，产品和流量都是非常重要的因素，两者缺一不可。企业要想解决经营危机，除了要做好产品外，还需要解决流量问题。

只有拥有足够的流量，企业才能在市场上具有充分的选择权和话语权。

放下身段，找流量

在成熟的同质化行业中，产品的质量往往只是成功交易的一个关键因素。此时，谁获得的流量越多，谁就能够赢得市场。另一方面，流量本身具有网络效应，很多互联网产品的流量是其核心竞争力之一。

流量或用户越多，产品的体验也越好。例如，社交媒体平台微信、微博和抖音，以及大多数游戏，流量越大，乐趣越大。

此外，好的产品确实有自己的传播属性，甚至是一个项目也有自己的传播属性。然而，产品的定义实际上有两个层面：一个是从消费者的角度来看的产品；另一个是从项目运营商的角度来看的产品。消费者心目中的好产品是实用的产品或服务，能够满足他们的需求。

在激烈的市场竞争中，几乎所有产品都可能被迅速复制。即使你的产品是原创的，如果不大力推广，也很容易被其他企业抢占市场。事实上，即使产品质量平平，只要有大量流量涌入，也能快速获得利润。但是，生产这样的产品并不是一种可持续的商业模式。

因此，如果你的企业想持续发展，必须注重对产品的打磨。好的产品是赢得用户信任的关键。打磨好产品之后，企业需要寻找流量来推广它，不要因为对自己的产品感到自豪而忽视了流量的重要性。

在此，我想和大家分享一个故事。

从前，有一个瓜农叫老王，他在一片瓜田里种植了许多香甜多汁的瓜。老王每天都会辛勤地浇水锄草，并不断研究和改进种植方式。因此，他种植的瓜非常甜，品质也很好。吃过的人都称赞老王的瓜是优质产品。

与老王相邻的是小李，他虽然不会种瓜，但想法很多。他的瓜看起来和老王的瓜相似，但味道比老王的差很多。

当收获季节到来时，老王和小李都去市场卖瓜。老王的瓜是红色的果肉，而小李的瓜是橙色的果肉。老王认为自己的瓜更好吃，所以他自信满满地告诉顾客："红色的果肉最好吃！"然而，小李并不认同老王的看法,他坚信橙色的果肉才是最好吃的。于是他说:"我的瓜的果肉虽然是橙色的,但味道绝对不输给老王的红色果肉瓜,而且我的瓜还比老王的便宜呢!"

最终,小李和老王以相同的价格卖掉了他们的瓜。但是小李并没有像老王一样自信满满地等待顾客来购买。相反,他花钱请了很多人到街上宣传:"吃瓜就吃橙色果肉的,橙色果肉的最好吃!"而老王则不屑于这样做,他认为自己的瓜品质很好,不需要去宣传。于是他自己一个人在市场叫卖,说自己卖的红色果肉的瓜好吃。

尽管大家都说橙色果肉的瓜更好吃,但只有一个人——卖家老王——坚持认为红色果肉的瓜最好吃。你会选择买哪个呢?相信大多数人都会选择买橙色果肉的瓜吧!

说到这里,你觉得小李的行为是在制造流量吗?非也,小李只是在创造口碑,塑造大家的认知。说到底,这是产品玩家的行为。

后来,另一个瓜农小张邀请了100个演员进行了一场花式表演,表演了各种各样的杂技,他们跳舞、唱歌,引起了大家的注意。大家都去看杂技,没有人再理会老王和小李。

演出后,小张对大家说道:"今晚我免费请大家看表演,这里有些水果,如果大家有需要,可以在我这里购买。我卖的甜瓜、橙子、草莓和苹果不仅好吃,而且价格还比较优惠。"这才是在引流。

小张不可能只卖瓜,他光卖瓜赚不回请100个演员的钱,他必须卖掉手里所有的水果。

很多人都有老王这样的苦恼,为什么自己的产品明明很好,但能看到产品的人很少呢?如果有一位合作伙伴能帮忙包装和推广就一定能大卖。

相信像老王这样的勤勤恳恳做产品的人,都希望有一个像小张这样的合作伙伴。他头脑灵活,手段奇特,能够为自己卖瓜。小张请100个演员的费用可能比老王种一年瓜的费用还高,如果有小张这样的人,他就不可能只帮老王卖瓜。

在流量时代,像小张这样的合作伙伴确实非常稀缺。

老王虽然很优秀,但他有一个错误的想法,那就是他以为人人都需要好瓜,他自己的瓜是最好的,那么就等于人人都需要他的瓜。这个想法看似没错,但他忽略了一个现实,即人们只购买他们认知的"好瓜",而这种瓜的果肉可能是橙色、粉色、黄色等。这在很大程度上取决于市场的宣传,像小李和小张这样的人所做的。

那么,什么时候才会意识到红色果肉的瓜是最好吃的呢?当一些人吃过粉色、橙色、黄色果肉的瓜,偶然吃上红色果肉的瓜时。但前提是,这些人能够不受身边亲友的影响,能够坚定地相信自己的判断,老王才有可能遇到知音。但现实中,人们还是多趋向于热点消费。

如果想要占领市场,就要先放低身段,去学习引流的手段,才能让自己的好产品被千家万户熟知。

把流量转变为用户

流量如此重要,那么我们到底应该追求什么样的流量呢?

在互联网时代,流量指的是访问的用户量。简单来说,流量是指一定时间内的用户访问量。流量在很多时候相当于用户,也就是使用计算机(手机)和网络服务的人。

对于企业来说,流量和用户之间的区别在于:流量与你只是最浅的关系,能够随时舍弃你;而用户与品牌之间的关系比流量深,具有一定的忠诚度。

以手机品牌为例,曾经有一段时间,市场上有很多款手机。一些消费者不太在意品牌，忽略了哪个品牌更好用和更便宜。后来，一些国产手机品牌出现了，比如，小米、华为、OPPO和vivo。用户开始认可这些品牌，成为这些品牌的忠实粉丝，不再购买其他品牌的手机。

因此，这些品牌的手机都拥有了自己的用户群体。基于对这些品牌的信任，他们在购买手机和其他电子产品时，只会选择这些品牌的产品。有些人甚至会加入这些品牌的运营，成为零售商、代理商和员工。

由此可见，现在的消费者都具有一定的品牌意识。只要认可一个品牌的某类产品，会更容易认可该品牌的其他产品，甚至参与品牌建设。因此，企业要做的就是吸引流量，然后将流量转化为普通用户，再到忠实用户，最终发展成为合作伙伴。

具体来说，作为一个自然人，最初与企业的关系只是流量关系。你提供了产品的卖点，对方支付了费用，这纯粹是一种商业行为。

但是，只有当对方对企业的产品产生了情感认同，并随着对产品信任提高而产生忠诚度时，才能真正成为忠实用户。只有当用户与产品或品牌融为一体，与企业休戚与共、互相受益时，才能与企业建立紧密的联系。

捕捉稳定用户群

移动互联网时代，也是一个"注意力经济"的时代。这意味着什么？"注意力经济"，也被称为"眼球经济"，是一种将用户或消费者的注意力最大化的经济模式，旨在通过培养潜在的消费群体来实现未来商业利益的最大化。

在这个经济模式中，最重要的资源不是资金，也不是信息本身，而是人们的注意力。一方面，产品流量越大，平台获得的关注资源越多，其商业转化的可能性就越高，商业价值也就越高；另一方面，人们的注意力总是有限的,各种能够争夺用户注意力的产品和服务都在争夺着人们的关注,因此,争夺流量变得尤为重要。

首先,流量具有自身的属性。不同的流量自然有不同的特点。例如,小说网站和导购网站的流量具有不同的属性。不同资金的流动将影响后续的转化方法、清算方法和清算效率。

其次,流量是产品价值的蓄水池。下游不断向上游寻找流量,其来源主要是移动互联网用户数量,即智能手机用户数量。只有创造价值,才能留住这些流量,否则很容易流失。

最后,从流量到普通用户,再到忠实用户,最终发展成为合作伙伴,单个用户的价值是完全不同的。对于一些业务来说,由于其天然低频率,甚至是一次性的特点,整个行业相对容易采用流量模式。

例如,当你去某个地方旅行时,多花钱的概率会大大增加。这是因为商家知道你只是来旅游的,不知道你是否会再次光顾,所以就一次赚取一笔利润;对他们来说,当前是最重要的,因为你只是一个普通的流量。

但是,你家附近餐馆的经营者不会这样经营。他们需要的是回购率,这意味着他们需要与你重复交易。对他们来说,更需要考虑的是长远利益,而你就是他们需要发展的用户。

这里的关键点在于,你是想与用户进行一次性交易还是重复交易,是想做流量生意还是用户生意。景区内也有真材实料、价格合理的餐厅,关键是看人。

再好的产品也需要流量,如果想要实现增长,就需要不断吸引新的流量进来。那么,企业要如何快速获得流量呢?

首先,应该关注信息传播方式和渠道的变化。当新的流量平台出现时,会有一个短暂的红利时间段。此时,企业应该尽快、果断地抓住机会,抢占新流量。例如,从微博到微信公众号,再到抖音等平台,一批用户会率先沉淀下来,只有及时跟进,才能快速获取流量。

其次,关注收购成本的变化。随着红利期的过去,越来越多的竞争对手开始关注新的渠道,同时,随着用户获取难度的增加,用户获取成本必然会上升。因此,企业需要在不断优化获客策略的同时,控制好成本。

最后,实现低成本、精准获客。低成本获客先要找准目标人群,只有与目标用户组匹配时,才会有转化率。比如,如果你的目标用户是大学生,那么在工作场所发布广告就不太合适。可以考虑在大学校园内进行宣传推广,这样可以提高转化率。

此外,利用关联性较高或本质上相似度高的产品进行推广,也能降低获客成本。例如,休闲和娱乐是同一种需求。可以在小说网站上推广网络游戏,或者在网络游戏中插入小说广告。由于这些产品相关性高,转化效果会更好。但是,如果你在游戏中推广在线课程,效果可能就不太明显了。

总体来说,流量是指与你关系最浅的人,而用户是拥有比流量更深的人,并具有一定的忠诚度。理论上,流量和用户可以不断转化,从流量到普通用户,再到忠实用户,最终成为合作伙伴。

流量业务或用户业务主要取决于需求频率、业务频率和价值。流量平台不断变化,企业应该关注信息传播方式和分销渠道的变化,以及获取成本的变化,从而实现低成本和精准的客户获取。

过去,企业可能只需要生产有质量的产品,不太需要了解消费者的想法或太在意他们的感受。但是随着产品种类的丰富和竞争的激烈,渠道变得越来越重要,而终端成了赢家。仅通过增加产品数量和打折促销来提高销售效果不再明显。

在移动互联网时代，整个市场生态正在经历阶段性的渐变。信息从不对称变为对称；信息传播速度急剧提高，影响范围空前，流量对企业来说变得越来越重要！

商家想要吸引用户，需要根据产品的特点全面考虑用户的需求。当你的产品能够满足那些竞争对手没有考虑到的需求，甚至是满足那些用户自己都没有想到的需求时，就能够打动用户。

为什么传统企业引流不容易，因为它们不懂得如何利用互联网。现在，平台越来越多，流量也变得越来越稀缺。以前只有搜索引擎作为主要的流量平台，而现在流量被分为站内和站外平台。

除了这些变化，还要面对一个新兴的生态——自媒体。现在越来越多的人通过在自媒体平台上发布内容来获得收入，例如，今日头条自媒体就有150万个账号。这些自媒体成了企业的竞争对手。

总之，无论产品有多么完美，流量营销必不可少。当然，即使拥有流量，也需要考虑其内容的持久性。

04 流量是一种资源

在移动互联网时代,流量被视为一种资源,而流量的"资源流动"实际上指的是人的流动。

在人员流动密集的地方购物时,存在一个转化率。如果客户愿意支付足够的费用来获得流量,平台就能够获得利润。

淘宝等平台引流的基本策略就像商场将一个门店租给一家饭店。这家饭店不仅能为商场带来大量的流量,还有可能吸引到商场内的其他商家前来消费。当其他商家做得好的时候,商场也会从中受益。

此外,互联网流量的价格越来越高,因此许多企业都花费大量资金用于点击、转发和播放等优秀数据,这些数据能够吸引投资者。

流量被视为一种资源,只要有人的地方就有资源。

流量变成付费用户

流量获利指的是通过某种方式实现互联网流量的现金收入,有一个公式:用户=流量=资金。

实现流量的方法有很多,增值服务的商业转化是其中之一。增值服务分为内容付费和服务付费两种形式，内容付费是目前大多数自媒体人选择的方式，因为现在每个人都有很强的付费意识，许多人愿意为内容和知识付费。

目前，付费内容非常丰富，例如，各种自媒体的付费阅读，知乎和公众号是具有代表性的平台。在这些平台上，付费阅读越来越受欢迎。

一般来说，增值服务的商业转化主要分为以下几个步骤：

第一阶段是积累过程，通过免费的服务来积累用户；

第二阶段是发展到一定程度后，适当增加一些付费功能；

第三阶段是将大多数用户转变为付费用户；

第四阶段是将在线流量私有化，这对企业运营者提出了更高的要求。

广告引流效果好

在传统的线下购物时代，各种各样的线下广告是引流的关键，而在流量时代同样如此，但现在的广告形式更为多样，也更为"隐秘"。比如，在你刷视频时，常常会看到穿插其中的广告，当你花时间看视频时，平台就完成了广告宣传，并通过你付出的时间，获得商家的广告费用。

这就是为什么大家都说，流量就是资源的原因之一。如今，谁拥有流量，谁就能获得关注、销量。传统品牌可以因为流量而在网上走红，"小巷深处"的"酒香"产品也可以因为流量在网上走红。许多食品、用品、餐厅等，也可以因为流量迅速发展成网红品牌。

虽然广告是快速传播品牌影响力的主要方式，但随之而来的问题也很明显：即使产品再好，如果你不是目标受众，那么无论这个产品多么好，你也不需要它。因此，对于那些对产品不感兴趣的人，无休止的广告只会被视为骚扰。

因此，企业在做广告时必须强调"精准引流"。只有将广告推送给真正对产品感兴趣的群体，才能实现品牌和产品的连接，让消费者心甘情愿地接受产品。但是，如何精准地触达目标受众确实是一个很难解决的问题。

过去，传统企业的广告通常会选择在自己的领域内进行推广。例如，卖净水器的企业会在家庭住户多的小区电梯里面做广告；大型商场会在附近的小区发放优惠券等。这些方法虽然有些过时，但它们仍然是行之有效的精准引流方式。

在流量时代，广告都转向了线上。由于流量分散了，精准触达用户群体比以前更加困难。然而，企业可以通过扩大覆盖范围来进行广告宣传。

例如，金融产品可以借助世界杯来宣传，因为喜欢观看世界杯的人群和关注金融产品的人群在一定范围内存在重叠。

所谓"流量就是资金"，首先，资金需要用于购买流量；其次，通过广告获得用户来获利。虽然世界杯的最低赞助费往往要超过1亿元，但它可以带来巨大的流量。数据显示，在每场世界杯比赛后的几个小时内，赞助商都能获得至少100万的新用户，而且世界杯话题性很强，用户持续时间很长。

在这些赞助商中，金融企业的参与度最高。

据统计，金融企业通过其他平台获得客户的平均成本在500元至1 000元之间，但通过世界杯或其他流量渠道进行品牌营销可以吸引到更优质的客户。

一般来说，像世界杯这种大型体育赛事的主要赞助商集中在快消品、汽车及其他行业，但最近几年金融企业也逐渐加入其中。

此外，企业还可以通过直播来吸引用户。不同的群体会被不同的直播内容吸引，而且直播的获客成本相对较低。

流量能吸引投资

很多时候，一个品牌的流量反映了它的市场接受度。因此，许多企业都会通过提升运营数据来增加寻找投资人的筹码。

相比于文字，数字内容更容易吸引投资者的注意力。为了使数字更加突出，许多企业在商业计划中使用流量数据这个小技巧来表达"数字"，以吸引投资者的注意。

一些大公司虽然都拥有巨大的流量，但它们是不同领域的行业巨头。与许多不知名的企业相比，投资人更青睐这些流量巨大的知名公司，因为它们拥有数以万计的潜在用户。

当然，这些流量巨头的客户是随着时间逐渐积累的，增长过程非常漫长，一旦积累到一定程度，流量就会非常稳定。

因此，投资人更倾向于获得一家大型流量公司的股权。流量的价值是巨大的，它不仅能为企业带来大量有价值的用户和流量数据，也能吸引到大量的投资。

无论是哪种企业，只要能够赢得流量的支持，就能够在投资人面前获得更多展示的机会。从企业的角度来看，虽然减少引流成本可以降低运营成本，但增加流量可以增加收入、提升获得投资的机会。

可见，流量的价值不仅在于获得用户，还能帮助企业获得更长远的经济效益。

05 争夺流量

在商业竞争激烈的背后,争夺流量一直是一个重要的话题。从传统互联网时代到移动互联网时代,流量一直是企业的核心竞争力。尤其是近年来,企业在网上获得自然流量的难度越来越大,成本也越来越高。

现在的市场情况是,有些企业产品质量很高,但品牌知名度不够,缺乏吸引粉丝的渠道;而有些企业虽然流量很高,但是高质量的流量很少,转化率很低。

无论营销方式如何变化,营销的本质始终是要实现产品和效果的融合。企业想要生存下去,除了要有品牌和声誉,还需要有足够的流量转化率。

现在,企业已经不能仅依靠单一的流程来实现有效的转型。企业需要一套组合拳来建立自己的流量池,以防止营销中断。

所谓流量池,是指通过流量布局和营销转型来建立知名度,抢占市场份额并快速打造品牌。在获得流量的同时,企业需要在短时间内将流量转化为销量,实现经济效益。

随着互联网的发展，流量已经成为无处不在的存在。我们熟知的"社群流量""搜索流量""自媒体流量""私域流量""付费流量"等都是常见的流量来源。其中，搜索、信息流和联盟广告等是较为常见的流量运营手段。

如果企业能熟练掌握以上流量运营手段，可以在互联网流量运营中占据一席之地，并取得成功。

免费流量门槛高

网络上的流量获取方式可以分为免费和付费两大类。免费流量主要通过建立企业品牌体系，如官网、公众号以及各大网络平台的账号来实现。

搜索流量的作用不可忽视。搜索流量是指用户在搜索关键词时看到你的产品或服务信息所产生的流量。这种流量具有被动性，潜在用户只会在需要时进行搜索。如果你的产品或服务正是潜在用户感兴趣的，他们才会浏览你的产品。

搜索流量的最重要特征是精准性，其价值取决于转化的单价和数量。也就是说，在用户了解、认可，甚至成为粉丝的过程中，企业需要付出成本并获得成交量。

要想让用户看到企业的信息并找到它，第一个障碍就是让产品"被看到"。如果产品无法得到曝光，潜在用户就无法找到企业，更谈不上交易。即使对于一些非常受欢迎的产品或服务，也很难在搜索引擎上获得曝光。为什么？因为竞争太激烈了，每个人的选择太多了。

众所周知，搜索引擎拥有巨大的搜索流量，每个人都想从中分一杯羹。因此，免费流量的获取考验的是企业的推广技巧。在获取这类免费流量的过程中，首先要掌握的是"SEO"搜索引擎技巧。当时，百度凭借搜索引擎成为大互联网公司。过去，SEO主要应用于百度的搜索引擎中，而现在，SEO更需要应用于一些热门的网络平台，比如最近几年很火的今日头条、抖音等平台。

提到SEO，很多人会不自觉地将其与搜索引擎等同起来，实际上这是一个误解。SEO的定义是搜索引擎优化，只要有搜索功能的平台，都需要进行SEO，比如百度、抖音、今日头条等。

作为互联网流量不可或缺的入口，如何优化搜索引擎已成为各大公司研发的领域之一。同时，SEO也是企业获得低成本流量的方式之一。企业需要掌握SEO技巧，学习各大平台搜索引擎的算法，打造自己品牌的关键词，并让它们尽可能出现在网页靠前的位置。这样一来，当用户搜索相关词汇时，除了需要置顶的用户外，排在最前面的就是SEO做得最好的企业。这意味着，SEO做得好的品牌曝光率高。做好SEO并不难，除了设置好关键词外，搜索引擎追求的首要指标必须是"用户体验"。

例如，搜索引擎会降低所有影响用户体验的网站权重，甚至会关闭违规网站的链接。要知道，权重越高的网站曝光率就越高。因此，如果你想让一个网站拥有长期流量，必须把用户体验放在首位。如果你为了短期利益而在网站上强行添加弹出窗口广告，导致用户体验下降，搜索引擎很可能降低你的网站权重，使企业排名靠后。

因此，如果想要争夺免费流量，需要在了解受众和自身产品属性的基础上，找到相关流量风口，规划投放产出比，将用户体验放在第一位，同时根据用户反馈优化内容。

那么，有比较快速获取免费流量的技巧吗？当然有，比如有些平台的权重非常高，新手可以使用这些平台来练习自己的推广技能，然后建立网站并慢慢优化。

什么是高权重的平台？一般来说，有以下几类。

1. 自媒体平台

（1）微信公众号；

（2）抖音短视频平台；

（3）今日头条资讯平台。

2. 社群网站

（1）知乎问答社区；

（2）豆瓣电影、读书等文化类社群网站。

3. 视频平台

（1）腾讯视频分享平台；

（2）西瓜视频短视频分享平台；

（3）爱奇艺视频分享平台。

4. 百度产品

（1）百度经验知识分享平台；

（2）百度知道问答社区；

（3）百度文库文档分享平台；

（4）百度百科知识库平台；

（5）百度贴吧论坛社区。

企业可以根据自身需求选择合适的平台，使用站长工具查询网站权重，分析要推广的关键词竞争情况。

若想判断竞争是否激烈，可以直接查看百度搜索结果，了解有多少人在做该关键词，以及是否有高权重平台在竞争该关键词。此外，还可以通过站长工具分析从该关键词中获得的流量数据。

需要注意的是，免费流量虽然人人都可以获取，但也意味着每个人都在争夺，因此竞争非常激烈。为了在免费流量中脱颖而出，企业必须掌握一定的 SEO 技巧。

付费流量成本高

免费流量的门槛较高，因此一些"财大气粗"的企业直接投入资金获取付费流量。随着商家数量的增加，使用付费流量的成本也在逐渐上升。事实上，早期确实也有付费流量，但并不像现在这么普及，未来流量成本可能还会继续上涨。

这背后的原因在于，在传统业务模式中，从业者想要通过"花钱买流量"来实现获利的渠道是有限的。在"竞争激烈、资源匮乏"的情况下，引流成本必然居高不下。

现在的流量费用就像实体商业时代的入场费一样，成为商家拥有优质渠道资源的必要成本。一些企业甚至抱怨"线上引流比线下引流更难"。高昂的流量成本已经成为几乎所有电商运营的痛点。日益激烈的竞争使得中小企业更难以获得流量，一些卖家选择了线下、直播、短视频等导流方式。

各大平台的流量价格竞争已经进入白热化阶段，每天投入数万元高额费用已成为常态。中小电商能否找到新的流量之路还是未知数。

其中，知名平台所花费用约占其销售额的 20%，排名前 100 的商家则占销售额的 20%～40%。那些想要进入平台前 100 名的企业，往往会将销售额的 40% 以上用于流量成本。

在淘宝和天猫平台上，获取站内流量的主要方式是"直通车"，这是阿里巴巴为卖家提供的按点击付费营销推广工具。卖家可以通过竞标买家搜索的关键词来获得更多的曝光机会。此外，卖家还可以在直通车上对主页、类别主页等目标位置进行排名。

然而，出价高的卖家并不一定会排名靠前。直通车是一个完整、成熟的流量招标系统,最终排名的计算方式非常复杂,包括创意质量、产品形象质量、购买的关键词与产品之间的相关性、直通车的转化率和好评率等因素。

因此,一些企业盲目提高购买引流服务的费用,不仅会浪费了资金,还会导致整体流量价格的上涨。同时,不断涌入的新势力也让竞争越来越激烈,流量价格也会越来越高。

由于资源稀缺,流量只会变得越来越昂贵。未来,付费流量只会更加昂贵。

在流量池里抢流量

无论是免费流量还是付费流量,都不容易获得。即使企业通过一些渠道获得了流量,也不能松懈,还需要在自己的流量池中抢夺更多的流量,这就是所谓的裂变营销。裂变营销是企业获取更多流量和抢夺竞争对手流量的方式,竞争非常激烈。

与传统营销相比,裂变营销有以下两个不同之处。

首先,强调分享。也就是说,必须通过老用户的共享行为引入新用户。这样可以降低成本并吸引更多的用户。

其次,需要支付奖励。将原本用于吸引新用户的广告费用分为老用户推荐奖励费用和新用户注册奖励费用,即广告费用=老用户推广奖励+新用户注册奖励。这些奖励通常采用现收现付模式。用户只有在注册或完成其行为后才能获得奖励,从而降低了广告风险。

App 裂变的玩法主要包括六种形式,分别是推出新激励奖励、裂变红利、IP 裂变、价值存储裂变、个人福利裂变和团购裂变。其中,最有效的奖励仍然是针对新用户的激励推广。

对于新用户,企业会提供一定的激励政策来吸引他们成为老用户的推荐对象。这是许多新上线平台最常用的裂变方式之一。例如，某打车平台刚刚上线，为了吸引新用户，通过邀请朋友注册并首次乘车的方式，老用户可以获得一定奖励。这种模式不仅可以激发老用户的参与度，自发为品牌寻找新用户，加速用户数量的整体增长，还可以为企业品牌提供在朋友圈的曝光度，从而带来持久有效的效果。

除了App裂变，微信裂变的效果也不容小觑。企业可以利用微信图文和H5（基于HTML5开发的页面）的技术福利转化，让用户在每次分享微信图文或H5时都能获得一定的福利激励，比如赠送优惠券，甚至发放红包。这样可以让用户受在利益驱动下，主动分享甚至邀请朋友分享，让身边的人都能获得福利。

现在，流量很关键，特别是私域流量。线上卖货已经成为一种趋势，海外版还是一个未开发的空白领域。随着时间的推移，越来越多的企业将进入这个行业，通过线上销售实现内容运营及商业化推广。实际上，许多头部企业和平台已经在内容分享和引流方面取得了成功。

可以说，数以千计的企业都在争夺流量入口。如果你的企业还没有采取行动，那么就会落后于竞争对手。在流量时代，想要突破企业的困境，就必须争夺流量。只有获得足够的流量，才能赢得市场。

第二章 02

掌握流量密码

如何获取有价值的流量呢？许多互联网公司将"获得流量者得天下"视为行业竞争的关键法则，并通过多种手段吸引用户，例如，给予新用户注册奖励，甚至直接在大众媒体上投放广告。这些策略确实能够迅速提升用户增长速度，但也存在一些企业尽管付出了巨大努力，仍未达到预期效果的情况。

　　因为这些企业忽略了流量背后的意义和引流的本质。因此，要想事半功倍地获取流量，首先必须深入了解"流量"。

01 流量到底是什么

现今，大家都在讨论流量，但很多人的第一反应是网络和手机的移动流量。实际上，我们现在所谈论的"流量"一词属于互联网领域的专业术语。简单来说，文章的阅读量就是该文的流量，因此我们可以将此处的流量理解为"浏览量"。同样，在互联网上"观看视频"和"浏览资讯"，这些使用免费资源的行为将成为网络内容提供商的流量来源。

那么，流量的本质是什么？不同的人对流量有不同的看法。在传统营销领域，有一个词叫"渠道至上"。渠道是制造商和最终消费者之间的媒介。通过销售渠道，产品被用户看到并销售给最终消费者。

在互联网上，流量在一定程度上扮演着渠道的角色。在互联网上销售产品时，如果没有渠道，就没有人知道你在做什么，更不知道你在卖东西。例如，一家企业开发了一套非常适合在线销售的产品。此时，它必须想办法通过 SEO、竞争排名等方式获取流量。如果没有流量，产品不会被潜在客户看到，更不用说购买了。

正如前面所述，流量除了免费流量外，还有付费流量。购买流量的方法是通过广告投放，广告商向流量所有者支付费用，而流量所有者则向广告商提供展示产品的机会。

此外,付费流量的价格也在不断上涨,对于流量所有者来说,获取流量的成本也越来越高。因此,我们常常担心推送的内容不够好,人们不阅读自己的内容,从而导致流量下降。为了确保充足的流量,我们必须继续优化自己的服务。

整个行业都是如此。随着流量所有者之间持续竞争,用户需要在自己的产品上花费更多的时间,这使得获取流量变得越来越难,流量价格也越来越昂贵。

流量的内涵

最初,"流量"只是一个词汇,指在单位时间内流过封闭管道或明渠有效段的流体量。例如,在指定时间段内通过指定点的车辆或行人的数量称为车流量或行人流量。现在,"流量"这个词已经演变为两个主要含义。

首先,它指的是移动流量,即移动数据。作为数字记录,流量记录移动电话上网页所消耗的数据。

其次,它是指网站的访问者数量,即在一定时间内打开网站地址的访问者数量。通常用于描述访问网站的用户数量和用户浏览的页面数量。

因此,我们所说的"流量时代",是指后者。简单来说,"流量"就是指在一定时间内打开的网站地址的访问量,或者移动数据的访问量。在很多情况下,"流量"相当于"用户",也就是使用计算机或网络服务的人。此外,"流量"还可以表示用户的人数、浏览时长以及关注度等。

1. 流量是人的数量

"流量"是互联网领域一个常用的词汇,其实它本质上与互联网并没有直接关系。从广义上来说,"流量"指的是在一定时间内访问在线或离线区域的人数。

以线下为例,某城市最大的商圈每天的客流量可以达到20万人次。因此,零售业会遵循"地点"的第一原则来选择店铺的位置。一些受欢迎的"网红店"和"打卡地"也意味着这些商店或景点具有吸引和聚集流量的能力。

在广播和电视时代,广播和电视台的影响力来自它们能够吸引大量用户按时收听或收看的能力。一些在线视频网站会因为某些热门电影和电视剧在短时间内获得大量流量。例如,一部根据小说改编的短剧因好评和口碑传播而获得了巨大的成功,推出独立剧的腾讯视频也在短时间内吸引了大量用户,获得了数亿次播放量,并多次登上热搜榜。

可以说,在移动互联网时代,媒体的形式已经变成了网站、App、公众号、短视频、直播等,而"流量"就是消费这些媒体的人数。用于反映流量的典型指标包括注册用户数量、活跃用户数量、PV(页面浏览量)、UV(访客数量)、VV(视频播放量)等。

2. 流量是用户的持续使用时间

移动互联网已经彻底改变了人们分配时间的方式,人们越来越多地将生活和时间花费在各种媒体平台上,甚至在日常工作中也会使用微信等即时通信工具。

相关数据显示,网民每周平均上网时间为28.5小时,增速明显快于网民总数的增长。对于特定媒体,用户使用时间通常以信息流浏览次数、短视频播放完成率和直播间停留时间等指标衡量。

当用户数量达到一定规模时,流量竞争也扩展到了竞争用户的时间。目前,短视频用户数量已达到9.34亿,每个活跃用户的平均每日使用时间达到了119.1分钟。这意味着短视频平台比其他类型的平台获得更多的用户时间。

当用户在这些平台上花费更多时间时，平台可以通过向这些用户展示更多广告来获得更多收益。这就是为什么像抖音和快手这样的平台可以获得百亿元，甚至千亿元广告收入的原因。

流量汇聚成池

了解了什么是流量之后，我们再来看看由流量汇聚而成的流量池。顾名思义，流量池是用于存储和汇集流量的容器。

如果我们把对一个事物的共同关注和需求视为一个容器，那么对这个事物有关注和需求的每个个体都是流入该容器的流量。你需要挖掘一条渠道（购买广告），把潜在用户吸引至你的产品或服务上，才能实现流量的商业转化。

而流量池是在引入外部流量之前，先建立自己的私域流量，即通过各种手段积累和沉淀用户数据和行为，形成自己的用户群体，然后通过数据分析和营销策略，将已有的用户转化为更多的活跃用户和忠实用户，从而实现流量的增长和商业转化。即使外部流量减少或者消失，你的私域流量也可以保证你的日常运营和发展。

流量和流量池最大的区别在于流量获取后的后续行为。前者只是简单地获得用户数量，而后者强调通过老用户找到更多新用户，并将这些新用户转化为忠实用户和品牌口碑传播者。

简单来说，流量池是"营销"网络交易率倍增系统提出的一个新概念，它是一个用于累积流量的容器，主要目的是防止有效流量的流失。

举个例子，一家名牌服装店有许多新老顾客，这些顾客的总人数就是该服装店的流量池。建立流量池的目的是发掘新客户并让他们成为回头客,同时尽可能地开发每个客户的价值,以形成一个完整的商业生态系统。

再举一个具体的例子,对于抖音平台来说,其庞大的用户群体就是其流量池,每一个抖音用户都是该平台的流量。而对于具体的某一个短视频来说,点击它的总人数就是该视频的流量池,每个点击它的人都是该视频的流量。

流量在哪里

引流是企业运营中至关重要的一步。然而,尽管许多商家都在努力推广和寻求曝光,但它们往往不清楚自己的流量来源,这是非常危险的。

只有知道从哪里获得流量,才能精准控制这些流量群体,了解哪些流量源对最终实际交易产生最大的效用。如果不知道流量从哪里来,它就会像过客一样流向其他地方。

为什么有些企业明明加大引流的投入,却达不到想要的效果呢?这是因为企业没有抓住突破流量困境的关键。对于中小企业来说,突破流量困境的关键就是获得足够的流量,建立自己的私域流量池。而获得流量的关键在于企业能够找到适合自己的营销渠道。

企业在引流时,需要进行用户细分和满足用户需求。

不同的用户群体在消费能力和消费习惯上存在一定的差异。因此,回到流量和业务的本质,更要做好用户细分,以及关注各种场景下细分群体的需求。场景是指用户何时、何地以及如何使用产品或服务,用户需求会随着场景的变化而变化。

例如,如果一群兴趣相似的人有获取某一方面信息的需求,那么这些需求将成为这方面信息的应用程序的目标用户。像经常不做饭的人,会成为外卖应用程序的主要目标用户;不爱到菜市场买菜的人,就是买菜送菜平台的主要受众。

此外,用户需求为企业提供了一个理解流量的新视角。即使互联网用户数量没有显著增加,人们的需求也可以被激发和创造。而增加和分化的新需求就是新的流量来源。

制约人的需求的核心是消费者的消费能力。随着中国经济的发展,人们收入水平和消费能力的提高将释放更多更丰富的需求。同时,技术创新和商业创新也可以激发更多的用户需求。

《2020中国消费者品牌报告》指出,品类创新对市场规模的扩大贡献了44.8%。品类创新和产品创新让更多用户购买了更多商品。

需求的刺激、产生和满足通常发生在特定场景中。比如,人们在旅行时想购买当地特产或纪念品。再如,在炎热的夏天,人们往往想喝一些凉爽的饮料。这就是为什么近年来,"场景"的概念在营销和其他领域受到越来越多的关注。

当人们的生活场景发生深刻变化时,也可能创造新的用户需求,带来新的流量机会。随着各大互联网公司开始取消所谓的"996"加班模式,人们可以在生活中花费更多的时间。因此,新的需求也会出现,例如,提高工作效率、在工作后娱乐和社交以及自我提升等。

以购物为例,在互联网出现之前,人们习惯于线下购物。这意味着消费者需要花费额外的时间才能到达购物中心,而选择的范围取决于有限的货架上展示的商品。

随着网上购物的发展,人们只需要在购买东西时打开电脑上或手机上的网站,然后从数量庞大、货架空间无限的商品中进行选择。这样既省了时间又拥有了更多的选择。同时,消费者在网上购物时无法看到真实商品,也经常会出现对购买产生不满并退货的情况。

当直播电商出现后,人们不仅可以在家购物,还可以通过主持人的演示了解商品、测试商品的效果,实时看到他人的评论。不仅如此,消费者还可能在直播间发现他们以前没有意识到的新需求。这就是这几年直播带货火爆的原因之一,也是通过更好地满足和刺激需求来赢得流量的新业态的典型例子。

企业想要在互联网中获取流量,需要跳出惯性思维,从品牌的整体考虑中找到突破口,并找到一个好的渠道。不过,决定传播效果的不只是渠道,还有内容本身。优质的原创图文、视频(例如在线广告视频、创意视频、微电影、纪录片、企业视频等),具有"润物细无声"的传播效果。只有优质的内容,才能让品牌形象深入人心。

此外,品牌需要根据具体情况,重点关注网络媒体报道、自媒体报道和网络口碑的提升,以打造企业正面的品牌形象。流量是一个企业的重要资产,如果想要获得流量,就必须弄懂流量的本质。只有这样,才能轻松掌握引流的技巧。

02　流量的本质在于营销

业界有一句夸张的说法:"得流量者得天下。"但这也道出了流量的重要性。引流的本质就是挖掘人的需求,通过营销吸引目标受众。引流的目的是通过有效地传播信息来影响目标受众的特定认知或行为,实质上就是一种有效的营销活动。

好的流量应该符合以下标准:

(1)精准:与目标和营销信息相匹配的精准流量,更有利于品牌的建立,并能带来更高的转化率。

(2)成本低:单个流量获取成本不能过高,否则会影响整个营销活动的效益。

(3)覆盖广:在上述条件下,目标人群的覆盖范围应该足够大,以便更好地针对有特定需求的用户。我们可以通过用户的性别、年龄、地区、家庭状况等方面,精准定位目标人群。

举例来说,许多新的视频号在上线时通过直播间引入了大量的流量,但用户转化率并不高,原因在于没有设置好精准的引流标签。为了获取有效的精准流量,需要设计有效的营销方案。

从广义上讲，企业的所有产品、服务、渠道和其他用户联系人都是企业营销的一部分。提供有竞争力的产品和服务，并建立与目标用户相匹配的渠道系统是降低流量成本的基础。

为了确保流量的广度，品牌需要通过多种营销渠道链接消费者。鉴于不同平台的媒体形式，比如，地铁海报、图形信息流、短视频和社群等的差异，以及不同平台消费者的不同特点，品牌方应该选择多种营销信息和渠道的组合，即营销组合。

现在，企业的商业活动都围绕着流量展开，流量是企业作为交易前提的重要战略资源。请记住，流量是企业的重要资产。流量不仅可以帮助企业推广相关产品，还可以为企业带来客户。

树立流量意识，制定流量管理策略，是每个企业都应该关注的问题。越来越多的企业已经认识到流量的价值，并将其视为重要的战略资源。初创公司为获得流量付出了大量资金，企业之间的流量竞争也越来越激烈。

可以说，控制流量就等同于拥有点石成金的魔力。如今，流量的使用已经超越了互联网领域，成为摆在每个企业面前的重要课题。

营销，先聚集潜在客户

有一个营销公式：营销＝市场＋销售。一般来说，就是通过拓展客户和渠道的方式，将流量从其他渠道或平台引向自己的领域，利用自己的专业，服务客户，提高成交率。

事实上，流量并不是移动互联网时代特有的现象。在线下商业时代，人流量就是流量。而互联网的流量效应更加明显，网站访问者或软件用户使用互联网的过程中形成了流量。这些过程是交易的基础，是商业模式设计的基础，更是企业有价值的资产。

无论是哪个时代，营销之前，都要先聚集潜在客户。对于商业交易的发生，无论是销售产品、服务还是推广概念，都需要在推广之前找到相应的客户群体。可以使用一个简单的公式来描述流量对交易的影响：

交易频率＝流量规模×产品展示频率×销售转化率

销售转化率会受到产品定位、质量、价格、服务等方面的影响。虽然这些是企业的核心竞争力，但交易的前提是让客户知道这些产品和服务的存在。因此，在商业活动中，人们必须通过各种方法获取、管理和利用流量。

流量的本质从未改变，但它的表现形式一直在变化。最早的流量形式是"位置"。从古代集市到现代商业街、购物中心，无论是销售产品的商人还是表演者，都会找到最繁华、人流量最大的地方售卖商品或演出。

过去，报纸、广播、电视、网站等是主流的流量承载工具，它们为人们提供新闻或娱乐信息。因为聚集了大量受众，企业可以通过媒体上的广告推销产品。而受众越多、关注度越高的专栏位置，广告效果就越好，广告费用也就越高。

越好的"位置"，越能吸引客户。

此外，交易关系也能聚集用户。例如，加油站不仅提供车辆加油的服务，还会开设便利店向车主出售小商品、家用电器及提供家政服务等；酒店向住宿客人出售当地特产等。

这些都是在原有的交易关系上发展更多交易形式的行为。这些形式的流量规模大，客户通用性高，使用价值高。通过这种方式，企业可以以最低的成本频繁地向客户宣传自己的各种产品，从而促进交易的发生。

构成流量的客户不仅可能购买企业的其他产品,还可能购买更多合作商的产品。这使得企业的流量不仅对自己有价值,还能为他人所用。

这就是流量逻辑。

无论是线上业务,还是线下业务,都离不开"获客"这一核心问题。在互联网上创业时,应该如何解决流量问题?单个用户的购买成本是多少?这是每个企业经营者都应该清楚的问题。

以水果店为例:如果在住宅区卖,一天可能只需要50元的摊位费,可以获得50个客户,即单个用户的获取成本为1元;如果在地铁口卖,摊位费是500元,一天可以获得400个用户,那么单个用户的获取成本就是1.25元。

那么,哪一种方式可以以最低的成本获客呢?你可以选择在居民区开设50个摊位,充分利用低成本引流;也可以选择在地铁入口占据一个最好的位置,在卖水果的同时,通过增加商品的种类,提高受众群体的范围,充分利用相对较高的流量,实现用户价值最大化。

这就是两种不同的流量获取逻辑,无论应用哪一种逻辑,只要能聚集用户,就是适合自己的。

营销的三个基本规则

在聚集足够的客户之后,企业经营者需要思考如何通过自己的销售能力提高成交量。而在互联网上营销,需要遵守三个基本营销规则,能让你事半功倍。

1. 及时进入流量红利领域

作为一种新兴渠道,创业者越早进入,获取流量的成本就越低。这就是所谓的趋势红利。企业经营者应该有意识地利用趋势红利的流量杠杆。

例如，淘宝刚成立时店铺很容易获利。随着卖家增多，淘宝流量变得越来越贵，最终上升到与线下相同的成本。又如，智能手机刚兴起时，微博迅速崛起，智能手机的目标用户在微博上得到了极大的释放。小米当时选择将营销的主阵地放在微博上，就是看到崛起期的微博能够带来的流量红利。

2. 找到最大价值的流动边界

流动边界是指在客户获取成本与客户终身价值相等时，企业可以维持业务规模的临界点。客户获取成本是指为获取每个用户所支付的市场成本，而客户终身价值是指客户在其生命周期内为企业带来的利润。

理论上，只要客户获取成本低于客户终身价值，企业就可以继续扩大用户规模。然而，随着用户数量的增加，同一渠道的客户获取成本会逐渐升高。例如，如果一个企业在朋友圈销售衣服，通过写软文和广告获得的用户成本为0，但每天只能卖出2件。

如果想要提高销量，企业可以考虑投入更多的资金来推广产品。比如，找到微博大V帮忙推送，此时的获客成本可能为3元，但一天可以卖出50件；或者选择投资微博粉丝广告，此时的获客成本可能为20元，但一天可以卖出1 000件。

不同产品的逻辑和用户属性各不相同，因此有些渠道只适用于特定的产品。由于缺乏竞争对手，流量的价格相对便宜。

总之，企业需要了解自己的产品和目标用户群体，掌握客户获取成本与客户终身价值之间的关系，并及时寻找有价值的渠道进行推广。同时，要快速投入新渠道，并及时调整策略以减少风险。

3. 找到成本逻辑

企业产品的利润来源包括销量、品牌溢价和成本降低。任何产品都有成本,而成本由多个方面组成。以手机为例,研发、制造、零售商、物流、服务(客户服务/保修)和营销都需要成本。然而,经过多年的商业发展,手机制造公司必须拥有相对稳定合理的价格和固定的产品比例。

尽管如此,互联网的到来仍然对传统商品的成本逻辑产生冲击。互联网的成本影响主要分为两个方面:

(1)原有成本架构被改变。互联网的本质是与制造商和用户直接连接,省去了中间渠道成本、经销商利润、营销成本和广告成本,从而以较低的价格销售商品。这使得用户可以获得更多利益,制造商也可以获得更多利润。

(2)边际成本为零。边际成本是指每增加一种商品的生产或销售,总成本的增量。不少互联网购物平台利润微薄,但它们为什么仍然能生存下去?因为在一定规模下,货架上每增加一件商品的成本都接近于零,它们就能够赚到钱。

然而,这种情况对于线下门店来说并不适用。货架上的商品需要占据货架,支付租金,并清点商品,成本不能降得这么低。

一般来说,产品单价越高,越能满足客户情感需求和心理需求。例如,高档机械表较为传统,功能齐全,成本高昂,价格可以定得很高。购买这类机械表的人不是单纯地为了买表,而是为了象征身份。

流量无处不在,可以说隐藏在互联网的各个角落。比如,早期腾讯QQ拥有大量用户,但不知道如何盈利;微软的Windows操作系统安装在大多数个人电脑上,除了软件销售,没有其他获利途径。此外,人们经常乘坐电梯,很少有人能够挖掘到其中蕴藏的流量价值。在分众传媒出现之前,企业都没有发现电梯具有广告价值。同样,直播软件从娱乐转向电子商务之前,很少有人意识到这些免费表演可以产生回报。

因此，在流量发现、管理和利用三项任务中，流量发现是最困难的。率先发现新流量的企业总能面对巨大的市场缺口，获得非常高的利润。

当一种流量形式得到广泛认可后，企业之间的竞争将集中在如何快速、大规模地获取和管理这种流量上。随着市场竞争的加剧，获取新流量的难度也越来越大。因此，企业将竞争焦点转向如何利用流量，包括引导流量的方向、显示信息以及选择实现方式等，以发挥同等规模流量的最大作用。

技术的不断进步使得原本分散的客户可以以新的方式聚集，并且这种聚集规模越来越大，从而降低企业在流量收集、管理和信息显示方面的成本。这些变化促进了支持新流量形式的商业模式的出现，使流量的发现和利用成为一个循环创新过程。

通过刷销量或排名来获取销量，除了能给品牌带来短时间的曝光之外，无法为品牌和商家带来任何增长价值。

一个有价值的流量和客户，基本上愿意支付合理的费用来获得优质的产品。换言之，那些并非通过刷单或过度吸引折扣用户的内容所产生的流量，对于企业而言更具有实际价值，因为这些流量背后的用户之所以被吸引并产生消费欲望，是因为内容的质量和产品的特性，而并非仅仅因为折扣。

在开发此类内容和流量渠道之前，企业需要明确的是，产品与这些渠道背后的目标用户群体是否高度匹配。例如，某女性网站，其主要内容适合女性阅读，每月吸引访客量达1 500万人次，其中近60%的流量来自美国。更为有趣的是，若您仔细浏览该网站，会发现大量购物指南类文章，最终链接至亚马逊的产品，比例超过30%。如此情况下，若公司是一家专注于女性产品的企业，那么这个网站无疑是进行推广的理想选择。

既然我们已经理解了这些原则，那么开展营销工作的方法便是研究产品及其背后的受众差异。然而，很少有企业意识到上述交易关系的存在。只要企业正常运营、拥有客户以及维持上下游关系，便存在流量，但它的流量属性并不明显。

除了互联网行业，其他企业很少将自身的流量商业化并出售给其他企业。例如，服装企业的流量可以帮助鞋帽企业和化妆品企业推广产品；钢琴培训学校的客流可以将学生带到美术培训机构，也可以用于推广学习文具和儿童服装。

然而，由于中小企业缺乏流量运营团队，往往不知道自己的流量可以卖给谁。每个企业的业务不同，构成其流量的群体包括个人客户、小微企业和中大型企业，每个企业的流量都是有价值的。因此，要善于挖掘不同企业的产品和服务的优势，通过合作的方式来为企业所用。

营销在于为客户着想

在掌握了营销的基本原则之后，你会发现营销其实是一种无限创新的过程。

引流的关键在于"引导"，即如何引导流量流动。只要你的产品足够吸引顾客，能够准确把握他们的需求和心理，或者对他们有实际价值，他们就会被吸引过来。

1. 线下引流营销

在线下促销活动中，最有效的策略往往是那些简单直接的方法，例如，送小礼物引流或免费体验引流等。这些方法基本上都遵循了一个规则，那就是所谓的让用户"占到便宜"。

只有当你真正为客户着想时，客户才会来找你。例如，一个卖鞋油的经销商购买了一批鞋油，打算到外地去售卖。然而，他发现销售的效果并不理想，于是开始尝试各种促销手段，如买一送一、打折促销等。尽管这些方法起到了一定的效果，但仍有很多货没有卖出去。后来，他对当地的气候进行了全面分析，得知当地气候潮湿，于是他改变了计划，取消了买一送一、打折促销的活动，而是直接推出了"50元试用高档鞋油，免费送两把雨伞"的促销活动。很快，他的产品就售卖一空了。

2. 线上引流营销

现今，所有的商业活动都离不开流量，而互联网引流更是如此。这是因为互联网引流建立在索引平台上，无论是信息平台还是短视频平台，它们都以内容展示为主，通过提供优质的内容来吸引用户，并在内容中插入广告。如果你想让用户看到你的广告，就必须有好的内容或有价值的输出。

同时，我们需要通过创建个人IP来将流量吸引到自己的私域。创建个人IP是吸引和达成交易的关键，因为用户只有在信任品牌的情况下才会购买该品牌的产品。

在IP盛行的时代，个人品牌的塑造离不开IP的打造。每个人都可能成为一个IP，每个IP都可能成为一个大品牌，并迸发出强大的商业活力。因此，在引流之前建立个人IP非常重要。只有给自己一个精准的定位，才能知道如何塑造自己的形象以及营销的方向。

我是谁？我想吸引谁？这是在做营销之前需要找到的定位。

03　引流的关键是与用户连接

前面文章提到,流量的本质是一种营销。而营销的本质在于挖掘用户的需求。因此,引流的关键在于与用户建立连接。

事实上,在互联网上,那些专注于做流量的人往往不知道如何运营用户,而了解用户的人也不一定知道如何操作流量。下面为大家详细介绍这些问题并提供解决方案。

挖掘用户需求

品牌的最大价值不是流量,而是心理唤醒——唤醒用户,让用户在短时间内变成"另一个人",从而表现出完全不同的行为。

消费唤醒是品牌的最大价值,品牌营销也是如此。过去,经营者过于注重"流量价值",认为只要有足够多的人经过,就会有足够的人购买。事实上,经营者也应该关注"价值的消费唤醒"——在不同的情况下,人们的行为和心理是完全不同的,需要根据情况和心理的唤醒来销售产品。

首先,在选择促销和交付渠道时,不能只关注渠道的流量价值——

曝光量、谁会看到等；其次，注重渠道的心理唤醒价值——在这种场景下，用户通常会被激发出什么心理？

而自媒体渠道相比传统渠道最大的价值在于"价值的心理唤醒"。每个自媒体场景都不一样，因此根据不同自媒体引发的不同用户心理，正确选择推广方式是非常关键的。

举一个简单的例子，你想在比较偏向理性的公众号和偏向感性的公众号上同时推广两种目标燕麦产品：一种是"××燕麦片，健康选择"；另一种是"××燕麦粥，美味的选择"。你会如何分配呢？相信不少人都会将燕麦片放在理性公众号宣传，而将燕麦粥放在感性公众号宣传。

为什么呢？因为人们有两种不同的自我感觉：一种是"独立的自我"——"我是一个独立的个体，我的思想完全由我自己决定，我会做我想做的事"；另一种是"集体自我"——"我是社会的一部分，我是某个社群的一分子"。

当人们的"独立自我"被激发时，会变得非理性，并倾向于消费情绪化的产品（如美味的燕麦粥）。而当人们的"集体自我"被激发时，会变得更加理性，并倾向于消费理性的产品（如健康的燕麦片）。因此，根据不同的公众号类型和受众特点，我们可以有针对性地选择推广产品，以达到最佳效果。

曾经进行过一个小实验，将受试者分为两组：一组阅读以"我们"（激活集体自我）为主体的内容，另一组则阅读以"我"（激活独立自我）为主体的内容。结果发现，前者更倾向于购买具有理性信息的产品，而后者则更愿意购买具有情感信息的产品。

打个比方，如果你平时是一个比较自律严谨的人，总是优先考虑自己的责任和义务。但是当你看到一篇软文，强调"我只取悦自己，不取悦世界"时，你内心的"独立的自我"可能被激发出来。

如果你能唤起他人的独立性，就可以销售更多具有情感吸引力的产品，就像推广燕麦粥一样，可以通过类似"不要担心那么多，只要味道好"的语言来吸引他人购买。

正如前面文章所说，自媒体最大的价值不是流量本身，而是能够唤起用户不同的心理状态。

给用户提供价值

自媒体营销模式主要分为两大流派：一种是"销售学派"，主张通过销售商品、打造品牌来实现交易入口；另一种是"广告派"，直接合作销售广告，简单有效。

然而，我认为，区分自媒体营销模式的关键不是"广告"或"销售"，而是它在用户大脑中提供了什么认知价值。

自媒体提供并唤起了以下不同的"认知价值"：

流量价值：带来大量流量和曝光；

心理唤醒价值：唤起人们不同的心理状态；

品牌价值：用户对某人的信任所带来的背书效应。

每种认知价值可以对应多种营销模式，例如，流量价值的营销模式包括内容营销、社交媒体营销等；心理唤醒价值的营销模式包括情感化营销、互动性营销等；品牌价值的营销模式包括口碑营销、公关营销等。

1. 流量价值

这是大多数人所看到的价值——自媒体提供免费产品，如图文和视频，吸引大量人关注，然后利用这些关注度产生的价值获利。

如果流量被认为是自媒体的关键价值，那么商业模式可以参考免费产品的商业模式。你只需要了解如何使用导航等免费工具获利。

通常来说，引流其他商品需要大量的流量展示。对于许多产品来说，单纯的流量曝光并不能刺激销售。但是当一个产品具有更多的属性时，简单的流量曝光就可以带来大量的销量。对于特定人群来说，只要有大量的曝光，并且多次看到，他们就能提高购买。

例如，每次看到巧克力诱人的照片，你的自制力就会下降。看几遍之后，可能会直接让你抵挡不住诱惑而下单。但对于实用产品，简单的曝光带来的销量非常有限，例如，当你不缺电池时，你不会多次购买电池。因此，实用产品的营销主要取决于场景植入和精准性，例如，搜索引擎的关键字。

2. 价值的心理觉醒

当你打开一个情感类公众号，内心可能会被爱的感觉唤醒；而当你打开一个专门讲述幽默故事的公众号时，内心则可能会被有趣的感觉所唤醒。

这是许多自媒体作为场景创造的一个重要价值：唤起你的某种心理，让你在短时间内成为"另一个人"。这种价值是大多数自媒体创造的真正价值，远远超出流量本身。那么，对于心理觉醒强烈的自媒体来说，最适合的商业模式是什么？它们最大的价值是"通过内容唤起一些心理反应，让人们在短时间内成为'另一个人'"，它们应该通过"让人们做他们通常不做的事情"来获得商业价值。

对于品牌营销来说，价值在于如何在新产品推广的初期激发用户的需求。比如，如果你出售一款奇特的智能牙刷，那么直接为大量流量做广告可能是没有用的。因为普通人即使看到智能牙刷的广告，也会直接避开这些信息——我已经习惯了使用普通牙刷。

这种产品营销的关键在于让人们意识到他们现有的刷牙方式不够健康、有效或方便。通过自媒体内容，企业可以有效地唤起人们对传统刷牙方式的需求，从而促使他们选择购买智能牙刷。

传统的广告很难解决这个问题，因为它们往往只是简单介绍产品的功能和特点，而无法引起消费者的情感共鸣。相比之下，一些具有高度投入感的自媒体内容可以通过讲述故事、分享经验等方式，更有效地唤起人们的共鸣和需求。

因此，对于这类自媒体来说，企业应该销售那些需要改变消费者习惯或认知的产品，以引发不同的需求并最终促成销售。

3. 品牌价值

一些自媒体因为持续塑造某种形象，实际上具有品牌价值，成为某个领域的代表。这就像谁是凉茶的代名词一样，你也可以让自己的品牌成为某个领域的代名词。

企业可以尝试慢慢建立自己的品牌特性，例如，开发一款凉茶产品，然后找到其定位（如"喝了清凉甘甜"），并逐渐传播这种特性，这样产品就有了属于自己的品牌特点和价值。

很多品牌都有自己的定位，例如，某个人参品牌，它的品牌定位就是"6 克人参生活"，通过不断开发人参故事、知识内容，打造出一个最专业、科学、信息量大的"参设"。

总体来说，需要给品牌设定一个代名词，并通过不断地强调和推广，让它进入人们的脑海。

不同行业如何连接用户

为了获取流量并进一步连接用户，不同行业需要采取不同的策略。

1. 高度不对称的行业

对于高度不对称的行业，信息不对称所带来的风险成了许多行业发展的阻碍。然而，若在这样的行业中拥有一个受公众信任的品牌，便能轻易地击败竞争对手。自媒体因其公众人物属性赢得了粉丝的信任，因此，为解决一些缺乏信任的行业而打造品牌将变得轻而易举。例如，指导财富管理团队先通过内容服务建立信任，然后扩展财富管理服务。

2. 需要吸引注意力的行业

对于那些需要吸引注意力的行业来说，许多产品的价值并不高，难以成为热点，推广起来也相对困难。例如，卖枕头相较于卖衣服，不容易引起讨论和关注，更难成为热点。然而，如果自媒体卖枕头，情况就会大不相同。它可以通过创造话题和故事，引起人们的共鸣来实现交易。因此，如果你所处的行业不太容易引起消费者的关注，可以学习自媒体的方式，通过与消费者产生情感连接来推广产品。

3. 缺乏具有价值定位的行业

在服装和快消品等行业，最困难的不是制造产品或广告促销，而是如何在数以万计的同行中找到差异化的定位。然而，自媒体的存在可以解决这个问题。一家自媒体通过内容确立了"阳光男士基本风格"的定位，提供符合定位的服装产品将容易得多。

可见，没有卖不出去的产品，只有找不到的产品价值。无论什么产品，都一定有它的市场。如果你还没有将自己的产品推到大众面前，那么说明你还没有找到它的价值所在。引流的关键在于要根据自己的行业和产品，找到一套行之有效的商业模式去连接用户。给用户提供独特的价值，让他们成为品牌的忠实粉丝和合作伙伴。

04　流量进化的路径

随着商业的发展,流量的本质也逐渐演变为企业能够主动接触的客户和渠道。流量模式的变革与人类通信方式的变化密不可分。下面将详细介绍流量进化的历程。

时代更迭,流量变迁

过去,企业只能通过线下活动来吸引客户,而现在,随着互联网的普及和发展,企业获取流量的主要途径已经从线下转到了线上。除了在线下举办各种活动和广告投放以外,企业还可以通过社交媒体推广、搜索引擎营销等手段来吸引人们关注自己的品牌和产品,发现更多潜在的购买意愿客户并留住这些潜在客户。

简单来说,流量变化的本质在于不同时代获客方式和客户需求的不断变化和发展。这两者相互作用、共同推动引流方式的变化,同时也推动了商业模式的发展,对商业场景和模式提出了新的需求,从而催生了新的技术。由此可见,流量变化影响着整个商业市场的发展,流量是市场变化的重要指标。只有深入了解流量本质,企业才能更好地洞察趋势,掌握商机。

随着互联网技术的不断进步和应用场景的扩大,新行业也应运而生,例如,移动互联网、物联网、区块链、人工智能等,这些技术的发展也带动了流量的变化。

以移动互联网为例,由于其普及和智能手机的发展,人们访问网站常用方式已经从电脑端转移到手机 App 或移动网站,大部分的流量从电脑端迁移到移动端,这种转变推动了行业新的流量采集、整合和管理。同时,伴随着技术的不断发展以及社交方式的变化,用户的需求也在不断发生变化。网络功能的发展使得人们和互联网之间的互动不再是浏览网页这么简单,还可以进行社交、购物、消费、学习、娱乐等多种行为。这些行为使得原来单一的流量产生了变化,企业获取流量的渠道也更为多样化。

例如,以前企业只能通过官网来获取流量,而现在可以通过微信公众号、社交平台等渠道与用户产生互动,获取流量并收集用户信息,掌握用户行为习惯,进行数据分析,从而更精准地了解用户需求,提供更为个性化、更优质的产品和服务。随着技术的发展和商业模式的变化,企业对流量的获取方式也变得更加多样化和精准化。

总之,流量变化的原因主要包括技术发展、用户需求变化、商业模式的变化以及流量采集方式的变化。下面将为大家详细介绍这些方面的变化。

1. 技术的发展

技术的发展是流量变化的重要原因之一。随着互联网的普及和智能手机的发展,人们获取信息的方式发生了改变,时间和空间的限制也被打破。移动设备的普及使得上网人数增加,上网时间也不断延长。同时,其他技术的不断出现也拓展了流量的渠道,例如,微信小程序、视频会议、在线教育等应用可以在无须安装的情况下实现点对点的联网交流,为流量的增长带来了新的可能性。

视频网站和直播平台的发展满足了用户对视频内容的需求,进一步推动了流量的增长。此外,人工智能的发展也使得家居自动化系统、工业设备等被连接到互联网上,这些设备上的用户数据成为精准引流的关键。

2. 用户需求的变化

用户需求的变化是流量变化的另一个重要原因。在互联网发展初期,人们上网的主要目的是获取信息,此时网站的访问量和页面浏览量是主要的流量来源。然而随着移动应用和社交媒体的出现,用户的需求也随之发生了变化。

在现代社会中,智能手机已经成为人们生活中最重要的智能设备之一。与电脑屏幕相比,智能手机的屏幕更小、更便于操作等特性更符合人们需求的信息获取和消费模式的变化。同时,设备的不断更新,使得人们能够释放创造力,改变了人们花费时间的方式,也改变了人们与外界接触和互动的方式。

因此,人们越来越多地使用移动应用来获取信息,对阅读文字性内容的需求下降,对图片、视频等需求增强,例如,移动应用上的短视频、直播等形式,企业对流量的需求更加高效和多样化。

3. 商业模式的变化

随着互联网的不断发展,商业模式也随之变化,从而影响流量的变化。以电商平台为例,过去,电商平台的流量主要依赖于网站流量,但现在得益于大数据技术的发展,商家可以通过分析用户行为和需求来构建用户画像,并利用平台提供的各类商品推荐、个性化定制服务和营销活动等功能,优化和提高流量转化率,从而获取更多的利润。

因此，随着商业模式的不断创新和发展，流量的变化也在不断地更新。

4. 流量采集方式的变化

流量采集方式的不断变化，导致了流量的变化。过去，流量的采集主要依赖于网页点击和访问的数据，这些数据信息单一，收集范围非常有限。而随着互联网信息采集技术的发展，流量采集方法也在不断更迭。比如，当使用购物网站时，网页会优先推荐当地的商家或你购买过的同类产品；再如，在使用社交平台时，会给你推荐或把你推荐给你认识的人。

这是因为在使用网络的时候，电商平台、社交媒体和移动应用可以通过特定的工具、算法和接口来获取用户的使用行为和地理位置等多方面信息。这些信息能够更为准确和全面地反映用户需求和用户行为，不仅为用户提供了方便，也为商业模式的更迭提供了更可靠的依据。

流量变化的本质是由多层面交互产生的，包括技术的进步、用户需求的变化、商业模式的演变以及流量采集方式的转变等。了解流量变化的本质对企业决策和发展都具有积极的意义。

不同阶段的流量特点

一般来说，流量发展有以下几个阶段：

第一阶段：商人和客户通过通信录联系。流动模式是个体的物理状态。商家的主动联系方式依赖于销售人员的面对面营销。

第二阶段：电子通信和移动通信已经出现，企业和客户主要通过固定电话地址簿、寻呼机和移动电话联系。零售业务"三流"之一的信息流，在一定程度上可以通过电子通信完成，资金流和物流需要在线下门店交付。此时,流量模式在一定程度上转变为电话号码,商家的主动联系方式已演变为电话营销,这现在仍然是许多行业的主要联系方式。

第三阶段:互联网的出现颠覆了人与人之间的信息交互方式。与电话等电子通信技术相比,它打破了点对点、时间的限制,实现了更高效的信息交互。此时,商家与客户的沟通方式已经转变为网站、电子邮件、QQ 等各种社交平台以及社群、博客、微博等互联网沟通方式。这种通信模式的共同特点是 PC 终端主要基于单向信息传输,交互性较差。流量模式已经演变为客户的各种互联网通信账户,主动营销方式已经成为互联网通信和营销的重要组成部分。

第四阶段:在移动互联网时代,商家和客户主要通过 App、微信、短视频和直播平台进行信息交易,信息交易密度更高,互动性更强。此时,流量形式是 App 中的账号和手机号(用于注册),主动营销模式已经演变为推送、广告页面、红点、通知、消息、语音,甚至更有信息的短视频、在线平板广播等。

在当今的互联网时代,网络流量已经占据了决定性的地位。不仅零售业被互联网企业颠覆,通信、旅游、餐饮、视频娱乐,甚至银行零售业务也被颠覆。

在传统零售模式下,流量是区域性的、线下的,交易受到营业时间的限制,沟通效率低下,服务质量参差不齐,访问方式是面对面的;在移动互联网的新零售模式下,流量是开放性的,信息密度更高,服务标准统一。触达的方式改变了形式,主要是在线单向显示、图片和文本。它仍然缺乏情感人文关怀,服务缺乏温度。

视频直播作为当前流量的主要形式,其核心价值在于进一步优化移动互联网的在线接入模式,实现商家与客户之间更多的双向互动。接入由主播驱动,更能体现人文关怀和温度。信息的收集和比较不需要客户熟练掌握手机操作技能，低学历者更容易接受，在线订单决策的门槛更低。

从公域流量到私域流量

随着互联网市场的逐渐饱和，进入平台的商家却有增无减，流量竞争越来越激烈。由于公域流量是归平台所有的，所有的商家都可以去争夺，这就导致了公域流量的枯竭。

因此，近年来，流量的发展趋势已经从以公域流量为主，转变为以私域流量为主。不过，一个企业想要更快更好地建立一个私域用户池，并发挥私域营销的作用，还是离不开与广告等公域流量的高效协作，也只有先通过公域收获用户，才能引流到私域。

公域流量指的是各种非付费渠道的网络流量，比如，搜索引擎、社交媒体、论坛、问答社区、博客等。与付费流量相比，公域流量门槛虽然较低，能够长期获取流量，但门槛低意味着竞争非常激烈，毕竟每个人都在争夺这些流量。

而最普遍的公域流量获取平台，就是我们最常使用的社交媒体平台，比如，微信、微博、知乎、贴吧、抖音等，大部分流量也集中在这些平台。因此，这些平台也成为大部分企业的引流重点，是商家的必争之地。通过这些平台，企业可以通过定位潜在用户、发布高质量信息等方式，吸引用户关注并获取自然产生的流量。

除此之外，论坛、问答社区等场景也是企业获取公域流量的渠道。人们在各种论坛和问答社区进行互动交流，企业也可以根据用户的喜好，针对性地发布与业务相关的帖子，在吸引用户兴趣的同时获取流量。

免费且海量的公域流量可以帮助一些刚成立的企业迅速获取一定

的流量和关注度，也可以让一些知名企业持续扩大知名度。然而，由于竞争过于激烈，企业需要持续为用户提供高质量和有创意的内容，才能获得更多用户的关注，从而获得更高的流量。

那么，什么是私域流量呢？私域流量是指企业或个人在自己的平台（如微博、微信公众号、App等）上获取的用户流量。相对于付费流量，私域流量更多靠优质内容、产品和服务的吸引力来获取精准用户，同时，由于私域平台是一个相对封闭的空间，企业能够有针对性地为用户提供服务，从而提高用户黏性、转化率和留存率，积累出一批忠诚的用户。这也是为什么现在很多企业越来越重视私域引流的原因。

企业要从公域流量转为私域流量的原因。

（1）提高用户黏性和转化率。

公域流量免费且海量，为什么企业还要从公域转向私域呢？原因其实很简单：在公域平台上获取的流量始终需要经过平台这个"中介"，而用户在平台上的使用时间是有限的，商家无法为用户时时提供个性化的服务。如果企业只依赖平台来获取流量，那么就不容易提高用户转化率和黏性。而私域流量是通过自身内容、产品和服务来吸引和留住用户，既没有中间商"赚差价"，也没有同行来"分一杯羹"。这是企业与用户直接面对面的交流，这些用户更有可能成为忠实客户。从公域流量到私域流量最明显的好处之一是能更专注地为用户提供服务。

举个例子，从前在线下门店购买衣服和鞋子时，我们经常会遇到断码和缺货的情况，而网购需要等待物流配送，退换货也麻烦。但在实体店购物时，你会发现很多商家都会让你扫码进群领折扣券，通过这种方式，你在购买服装时不仅领到了折扣券，商家也能够得到私域流量。而当你进入门店的社群之后，还可以通过社群的商品到货提醒、送货到家等服务，来获得更好的购物体验。

(2)降低营销成本。

公域平台免费的流量获取难度较大,有时企业为了获得更多流量不得不付出高额的营销成本。相比之下,私域平台只需要投入时间和精力进行内容创作和营销,就能够提高用户黏性。对于一些营销预算有限的企业来说,私域流量可以有效地解决这一营销难题。

(3)活跃社群并建立品牌影响力。

私域流量指的是在自己的平台上积累大量的忠实粉丝。这些用户即使离开了公共平台,对企业的品牌认可度也不会降低,依然能够与企业互动。企业可以通过私域平台掌控的流量和社群做口碑营销,提高品牌影响力和企业价值。

总之,企业从公域流量转向私域流量可以提高用户转化率和黏性,降低营销成本,建立品牌影响力,实现长远发展。然而,目前私域用户运营在企业营销实践中仍存在一定的困难。用户进入私域后,企业和品牌的内功更是受到考验。在这个过程中,企业需要谨慎行事,避免急于商业转化而陷入误区。只有在用户群体中注重长期价值的积累,企业才能在营销中经受住市场的考验。

05　制造流量的途径

在工业时代，商业的核心资源是石油、煤炭、钢铁和天然气；而在互联网时代，商业的核心资产则是流量。可以说，流量是所有商业模式中最重要的因素之一。

那么，流量是如何产生的呢？其实，无论哪种类型的流量，都是通过一定联系制造出来的。通常来说，流量产生的方式有以下几种：人和使用工具所产生的流量；人与信息之间的联系所产生的流量；人与人之间的联系所产生的流量。

以抖音为例，假设你想制作一个宣传视频，并认为抖音的编辑工具更加方便。因此，你开始使用抖音进行视频编辑。在这个过程中，抖音平台会增加相应的流量。这是因为你在使用工具时产生了流量。

完成编辑后，你将视频发布在抖音平台上。接着，系统会根据你设置的标签或标题，将视频推送给不同的用户。这样一来，成千上万的用户就可以看到你的视频了。这就是因为你与信息之间的联系所产生的流量。

在看完你的视频后,某个用户觉得很有趣,就在视频下面评论,和你产生互动,并将这个视频分享给身边朋友,而其朋友又来看你的视频,这就是人与人之间的联系产生的流量。

要了解流量,先要了解人的需求。尽管时代在不断变化,但人们的基本需求几乎没有改变。这就像原始人需要更好的工具来提高生产效率一样,现代人也需要学会使用信息和流量来生存。因此,拥有众多信息的人通常是最有价值和最受欢迎的人,而流量则可以帮助你更好地发展。

产生流量的几种途径,具体如下:

人与工具的使用

工具的改革通常发生在技术和生态变化的早期阶段。新技术、互动方式和生活习惯可以产生新的工具。

在移动互联网刚刚兴起时,只要将电脑上的应用程序移植到手机上,就可以产生大量流量。这是通过不断搜索最佳排列和组合来实现的。当然,这有很多不同的排列和组合方法。例如,直播成为这几年一个新的热点。直播和电子商务可以与直播带货、直播和游戏以及社交相融合。当然,也会有许多交叉组合场景尚未被建立。当新技术和平台发生变化时,有时候需要等待和准备。

人与信息的联系

俗话说:"知己知彼,百战百胜。"人类从古至今一直处在一种竞争生存资源的状态。因此,更多信息意味着更高的生存概率。造纸术的发明、运输的发展和互联网的兴起都对促进信息的连接起到了非常重要的作用。

人与信息之间联系的关键在于两个方面：谁能提供有价值的信息？如何最有效地向有需要的人提供信息？相比之下，前者更为重要。

如何驱动具有独特信息价值的人生产信息是核心问题。如果能深入了解信息提供者的需求，并给予他们更多的反馈，这种模式就能发展起来。

在过去，人们习惯在搜索引擎上搜索信息，但现在，搜索方式和习惯有了很大的改变。比如，人们可以选择在电商 App 搜索同款商品，在团购 App 搜索吃喝玩乐信息，在问答 App 搜索答案等。

不过，虽然现在搜索信息的形式很多，但有价值的信息可能并不多。因此，在人与信息这个领域仍然存在许多机会。很多看似有价值的内容只是有个好标题而已。互联网上的信息目前还不能为普通用户提供足够的价值。这意味着未来谁能为普通用户提供有价值的内容，谁就能获得大量的流量。

人与人的关系

人与信息之间的联系通常是客观的，但生活中许多事情仍然掺杂着人的许多情感。例如，如果你想购买面膜，先在网上搜索相关信息，查看哪些品牌的面膜评价比较好。同时，你也会向自己的好朋友咨询，询问哪些品牌的面膜好用，并获得朋友的推荐。在这种情况下，你会选择网上好评多的品牌还是好友推荐的产品呢？

相信多数人都会选择购买朋友推荐的产品。为什么熟人推荐的产品购买率更高呢？为什么你会更认同这些产品的价值呢？实际上，你所认同的不是产品的价值，而是对朋友的信任。

这就是社交产品的估值如此之高的原因。一旦人们将信任关系信息放在某个平台上，这意味着这个平台将产生巨大的商业价值。这是由人与人之间的关系所带来的价值。总而言之，要创造流量，就需要学会利用人与工具、人与信息以及人与人之间的关系来引流和提高传播效率。

第三章

03

有思路才有出路

如果你想要建立一个猎场，里面有各种各样的猎物，那么你需要有能够吸引猎物的诱饵。将猎场比作流量池，那么猎场里的"猎物"就是你的流量。

企业经营者需要找到一些引流的思路，才能获得有价值的流量。如何解决流量问题呢？本章内容将提高你对流量营销的理解，帮助你找到解决流量问题之道。

01 人人皆可引流

在互联网时代,数字化转型是企业快速发展的突破口。为了及早通过数字化企业赋能,并通过互联网引流,企业需要采取行动。

在进行引流时,企业不能盲目行动,而是应该做好充分准备。企业除了第一时间采取行动外,还需要让全体员工积极参与。那么,企业应该如何做呢?

引流,是一种营销方式

引流是指吸引网络流量。通过在互联网上发布信息、进行访问或互动,可以增加流量,提高知名度并吸引客户。

全员引流是一种营销方式,便于管理多个店铺和客户。每个员工都可以有自己的名片,通过名片锁定客户的所有消费信息,为客户推荐相关的个性化产品。店员还可以选择主要产品,进入名片主页来推广和锁定客户。同时,总部可以将资源数据库中的产品、解决方案和短视频分发给每个商店。客户看什么、何时看到、看多少次以及交易率等信息都可以一目了然,同时还可以了解客户的偏好。

此外，通过客户转发量等数据，可以告诉员工哪类内容更受欢迎，引流效果更好，后续就可以更有针对性地发送，提高转化率。

新营销思路

传统的企业营销通常由专门的营销部门负责，但这种方式存在以下缺点：

首先，每年数百万元，甚至数千万元的广告预算主要用于品牌推广，缺乏营销细分策略。

其次，直销和分销运营模式使得企业总部无法实施统一促销活动，也无法及时惠及经销商和客户。

再次，企业只有网络旗舰店，而经销商无法使用，交易渠道单一。

最后，在特殊情况下，各大线下企业无法营业，经销商遭受巨大损失，客户的活跃度和黏性下降。

然而，全员引流可以很好地解决这些问题。通过全员引流，每个员工都可以成为导购，相当于一个网上商城和官方网站。此外，全员营销可以将品牌宣传的压力转移到各个门店。

店员可以通过优惠券、大礼包等方式实现全员营销，所有促销品牌、优惠券、大礼包均由企业提供。通过全员营销，可以提高客户导向和业绩，增加客户的黏性，促进客户在经销商门店的复购和额外购买。每个员工都可以实时监控裂变客户的情况，并积极达成交易。

一个著名的卫浴品牌就是通过全员营销和推广，曾在短短30天内吸引了众多流量，并实现了高成交率。它的网店订单数量也高达2 208单，促销产品总计23万单，而实际引流订单量就有1 400万单。

可以说，全员营销为传统类型的产品带来了新机遇，也让那些懂得及时转型的企业轻松打败了众多同行。

引流，千变万化

在如今各种视频平台层出不穷的时代，实现全员营销引流的方式有很多。员工可以根据自己的兴趣和擅长选择适合自己的方式参与。喜欢写东西的可以写软文，喜欢编辑小视频的可以自己制作，喜欢直播的可以做主播等。

然而，如果强迫员工以不合适他们的方式去引流，效果会适得其反。因此，企业需要为员工提供多种选择方式，让员工能够自由地选择适合自己的方式进行引流。

以近几年最流行的引流方式——直播为例，我来介绍一下如何建立直播矩阵来实现全员营销。所谓的直播矩阵，就是指由多个人同时进行直播或建立多个独立的账号进行直播。

直播矩阵的特点在于每个人都可以成为主播，每个人都有自己的直播的特点。这就像某眼镜品牌一样，当每个人都在直播时，一万个人就有一万种不同的直播方式。这种方式可以加强用户对品牌的黏性，并通过直播与客户建立更紧密的联系。

一般来说，每个直播间都会有一个负责人，可以更好地照顾每一位观众。因此，直播成了一种非常好的连接工具。与精英直播和专业直播不同，当直播间的人数增加时，主播很难照顾好每位观众。

虽然直播卖货，但任何人在直播间分享并邀请其他人进来，都可以以直接形式在屏幕上显示。这对分销商或导购员来说，非常方便，因为交易完成后，业绩将被计算在内。这种交易效率非常高。

除了员工做直播，管理层甚至创始人也可以参与进来。比如，某小吃品牌的创始人就在他新店开业时，在店内做了一场直播，给用户发放了一些优惠券，并在直播中介绍了这种小吃的制作方法。这场直播不仅为消费者提供了实实在在的折扣,还提供了有价值的内容,赢得了用户的好感和认同。

另一个例子是某茶业品牌,该品牌培养了自己的精英主播,每天都在直播。虽然当时属于公域直播,但品牌也会动员导购员在平台引流,然后在平台上直播。

某童鞋品牌从2019年开始直播带货,但到2019年下半年和2020年上半年,整个直播的营业额增长了十几倍。事实上,它不仅在卖货,还进行了很多提升用户体验的行动,做了大量"价值直播",传播有用的育儿知识。此外,参与直播的导购员实际上是育儿方面的专业人士。

如果去搜索它的直播小程序,你可以看到,它每天至少有一场直播,直播量非常大,除此之外,还有不少育儿知识免费讲座。对现在年轻的家长来说,他们本来就不吝于在学习育儿知识方面花钱,购买童鞋也是刚需。而购买该品牌的童鞋,不仅能以最优惠的价格解决孩子穿鞋问题,还能省下学习育儿知识的钱,可谓一举两得。在这种情况下,家长们就没有必要另寻他家。

不得不承认,这种引流方式实在高明。

引流方式虽然有千万种,但万变不离其宗,能够让消费者获得更多的好处,永远是最简单又实用的。

02 迭代引流思路

商场就像战场,竞争激烈,如果企业动作慢了,跟不上时代的脚步,就会被淘汰。互联网时代要求企业快和新。

一方面,企业需要快速推出产品。如果等到开发出完美的产品再投入市场,市场可能已经被其他企业抢占了。因此,即使是不完美的产品,也应该逐步被推向市场。

另一方面,企业需要快速更新产品。用户的需求会迅速变化。企业应及时跟进这一变化,并推出新品以满足用户的需求;否则,竞争对手就会将你远远地抛在后面。

因此,企业要学会用迭代思路引流。这意味着不断推出新产品、新功能和新服务,以满足用户的需求。通过持续的迭代,企业可以保持竞争力,吸引更多的用户。

以万变应万变

如今,用户的需求正在迅速变化,企业要及时抓住市场的需求,才能适应市场变化。然而，产品功能刚开始肯定不够完善，界面也不够优化。为了改善用户体验，企业需要根据用户反馈快速调整产品。

正如金无足赤、人无完人一样，产品也是如此。每个产品都有自己的缺点。只有不断改进，才能让自己立于不败之地。每一次迭代都是产品的一次优化，就像一个人的成长一样。

简而言之，迭代的核心是"小步快跑"。迭代的本质是为了更好地适应这个社会。华为的成功就是一种典型的迭代行为，即华为每年提高一点市场竞争力。

所谓的迭代是一种重复活动。除了提升自身的能力和技能，还需要不断学习，不断迭代思路。

进步有不同的标准，但停止思考就是后退。拉长时间线，低头做好产品，将来成为你想要的，会给你应有的回报。

用"新颖"事物刺激用户

在这个注重"速度"的时代，如何让用户记住你？

只有不断用"新颖"的事物来刺激用户，才能持续引起他们的注意力。迭代创新是以小成本获得阶段性成果，快速占领市场，然后进行下一步产品优化。在对电子商务感兴趣的时代，迭代创新更适合大多数人，因为在不断变化的互联网时代，有很多不稳定的因素，因此，迭代创新成为一种普遍的选择。

不过，短视频内容、产品、直播间玩法等需要根据用户需求和兴趣变化进行更新和迭代。只有随时关注用户需求，才能推陈出新。

什么样的短视频和直播间更容易留住人？一个好的短视频背后的运营逻辑是什么？怎样才能把自己的短视频做大做强？如果你能弄清

楚这三个问题，你就知道为什么有些人可以在抖音获利。

思想要跟上时代

任何企业都会遇到经营"瓶颈期"，表面上看起来令人头疼，但实际上，这是一个好事，因为它意味着另一个"大增长"即将到来。

事实上，做生意的瓶颈期基本相同。一方面，这是一个外部障碍，如过去做事的方式，随着时间的推移变得越来越无效。例如，现在带货你还能指望朋友圈吗？这肯定是个问题。另一方面，这也是一个内部障碍。你的认知水平让你止步于这个阶段，没有办法给你更多的获利空间，所以你的事业停滞不前。

保持稳定是一个人固有的习惯性思考方式，这是很正常的。因为它的阻断效果特别好，所以每个人都不求思变。例如，很多实体店老板基本遵循相同的思考方式："我的店每天没有自然的流量，我真的无法拓展客户。我知道我应该学习在线引流、短视频和直播，但我真的每天都很忙，没有时间……"事实上，这种"忙碌"是一种守旧的思考方式。

如果不是特殊情况，许多商家不得不转型，很多人可能仍然不重视"线上引流"。如果不是因为朋友圈流量红利即将过去，更多人可能仍然无法理解短视频和直播等流量的重要性。

那么，企业如何度过瓶颈期呢？很简单，不停地思考。

事实上，当你意识到问题时，瓶颈期是一个很好的警告。它的出现是为了提醒你："思考方式该迭代了！"

知道原因后，可以去分析思考方式是否需要改进，或者方法是否需要更新，然后改进认知，学习符合当前趋势的新方法。

03 万物皆可互联

通过物联网打造新一代智能中端操作系统,这个系统能够连接万物。那么,物联网为什么能够连接万物呢?对于企业来说,连接万物又意味着什么?它对引流又能起到作用呢?

什么是万物互联

物联网的定义是将人、流程、数据和事物融合起来,以使网络连接更具相关性和价值。物联网将信息转化为行动,为企业、个人创造新功能,带来前所未有的经济发展机遇。

一般来说,物联网是通过互联网连接人、数据和指定的对象。也就是说,所有事物都可以连接到同一个网络上。比如,小米的智能家居系统,所有的东西都可以由"小爱"控制,你只需要使用一个固定的词汇就可以操控所有的家电,同时,"小爱"也可以通过大数据分析你的需求,提前完成你的指令。

想象一下,几年后,当6G网络成熟时,也许我们周围的所有物体都可以访问同一个网络,从收集垃圾的车辆到路边的垃圾桶,甚至路边的厕所。

当路边厕所联网后,厕所里的垃圾桶装满后,可以通过网络自动通知垃圾车来收集垃圾;当厕所里的用品快用完时,可以通过智能快递车送达。物联网系统可以通过对空闲、时间的大数据分析,设计出最快、最合适的送达时间,从而省下使用者的等待时间,甚至还可以检测出不同时段的客流量。

可以说,物联网有连接万物的特性,它既会极大地改变人们的生活,还可以帮助商家挖掘更多的商用价值。

物联网创建新型交易场景

在物联网的推动下,人们的生活方式和社交方式已经发生了改变。企业可以利用这些变化寻找商机,例如,通过创新社交场景实现引流。

社交营销与物联网的本质相同,注重人与人之间的社交关系,让人们相互连接,人与物连接,物与物连接。这种引流方式具有高参与度和强互动性的优势,有助于商家通过粉丝裂变获得流量,例如,最近流行的"社交货币"的玩法。

广义上,"社会货币"是指具有社会属性的所有东西。狭义上,"社交货币"就像用钱买东西一样,能够让你获得家人、朋友和同事的好评和点赞。

我们可以从"标签化""场景化""互动性"入手,在零售业中发挥"社交货币"的作用,激发消费者的分享欲望。

首先,标签化,即标记识别和关注"用户画像"。这需要积极收集消费者的年龄、兴趣爱好、消费习惯等身份信息,生成"用户画像",并在此基础上开展营销活动。在线下,可以通过微信群、公众号、视频直播账号等私域流量阵地,打造满足不同人群需求的"社交朋友圈",推出值得分享的商品和服务,逐步实现裂变式传播,将线下"流量"转化为"门店留存"。

在线下经营中,要善于观察正在发生的事情,站在用户的角度确定整个店铺的商品展示和要经营的商品类别,通过圈层营销提高消费黏性。例如,可以结合热门话题,为产品贴上与不同消费群体对应的个性化标签,让消费者在购物时获得认同,并愿意与他人分享。

其次,基于场景的创作,注重消费者体验。目前,"咖啡店＋便利店""书吧＋便利店""快餐＋商场"等商业模式越来越受年轻消费者的欢迎,原因在于商家为消费者创造了一种社会化、生活化的商业场景,满足了消费者对商品质量、消费环境和社会互动的需求。

因此,商家可以通过跨界运营、合作运营、设立体验区等方式,积极打造集多种功能属性于一体的社交空间,让门店发挥"会客厅"的作用。个性化消费场景可以吸引更多消费者,发挥"社交货币"的作用。

此外,还可以通过互动设计注重情感共鸣。在运营过程中,要善于把握市场变化趋势,通过加强产品的独特性、发布内容的共鸣性、链接分享的便捷性等方式,将产品"倾诉"或"话题"打造成"社交货币",让消费者在传播中产生情感共鸣。零售终端与社群建立桥梁,将消费与社交联系起来,并通过创建"社交货币"重塑形象,可以提高关注度和影响力,并继续为门店运营赋能。

可以说,通过人与人连接、人与物连接、物与物连接能实现多次引流和裂变。

举一个例子,有一家用社交营销理念打造的门店,通过高科技系统,让顾客感受到强烈的科技感。除了统一安装的现代终端管理系统和智能收银机系统,还增加了交互式智能屏、人脸支付设备、智能问答机器人等设备。这种新型的交易场景非常受欢迎,很快就吸引了许多消费者驻足体验,并拍照和分享到朋友圈。

而在消费者分享的过程中,就是第一次引流和裂变。

同时,为了创造一个"第三空间",让消费者在家和工作场所之外有一个放松休闲的场所,在店里腾出了一块区域,并设立一个互动休闲区。该区域提供手机充电、免费品茶、借书等服务,还支持小型聚会等社交活动。在那里,消费者可以自由拍照、读书和喝茶,尽情享受慢时光。

这是第二次引流和裂变。

此外,门店经营者抓住了年轻人喜欢追求具有社交属性的产品的消费点,购买了一些 IP 联名产品,并通过线上线下平台进行推广。当年轻消费者看到自己喜欢的产品时,往往会邀请朋友一起购买,这具有显著的引流效果。

通过以上几种连接方式,门店经营者轻松实现了多次引流和裂变。

再举一个例子。

在新消费时代,随着人们物质生活水平的提高,单一、同质化的营销模式已经无法满足消费者日益多样化的消费需求。万物互联的出现为满足各种消费需求提供了可能。

大青山风景区拥有 30 多公里的海岸线和 18 公里的环岛旅游公路,以其独特的"山石沙滩奇观"而闻名。许多游客都会前来。景区便利店通过将当地旅游资源与游客需求相结合,打造成多功能服务输出平台和流量吸引载体,为游客提供多种"社交+"场景,精准满足消费者的服务需求,不断提升用户转化率和黏性。

白沙岛景区的零售店更是将便利店与海钓、社交、办公等场景融合，在店内打造了"便利＋海钓服务＋社交＋办公"等场景。通过锚定消费需求，提供海钓设备补充、聚会、远程办公、日用品购买等服务，鼓励消费者通过分享会等形式在朋友圈和旅游论坛分享消费体验，实现深度传播和裂变引流。

只有信息丰富、有趣且有价值的场景才能真正激发消费者的分享欲望。

激发和连接消费者需求

在互联网时代，物联网的加持下，企业引流的关键在于为商品和服务找到"合适的人"，激发他们的分享欲望，并提升商店的流量。下面分享一些常用的营销方法。

1. 了解消费者需求

对于经常光顾的消费者，记住他们的消费需求，积极添加微信，并在笔记中添加个性化标签。根据消费者标签划分为多个圈层，不同圈层有不同的交往模式和消费偏好。了解消费者的圈层将为社交营销打下良好的基础。

2. 关注商品的社会属性

在日常运营中，可以重点关注具有社交属性的网红产品，通过主题展示、创意活动等形式，让不同圈层的消费者更好地"走近"这些产品，吸引年轻消费者的注意。有些人会与产品合影并发送到朋友圈，并将地点设置为"我的商店"，从而获得许多新粉丝。

3. 积极寻求价值认同

目前，许多消费者在消费过程中追求价值认同和情感共鸣。基于这一认识，我积极分析了圈层的需求，并推出了个性化的活动。例如，推出"怀旧商品消费周"活动,重点推荐"童年零食"或"寻找家乡味道"等活动,以寻找城市的特产为卖点。与传统促销活动相比,这类活动的关注度更高,也能激发消费者的分享欲望。

万物互联的思路是通过物联网等技术,实现人与人、人与物、物与物的连接,在全网打造属于自己的IP。

04 打造精准流量的高价值

现代社会商业模式和架构不断变化，商家致力于吸引和满足消费者需求，提供个性化服务。因此，消费者受益良多。然而，这也导致了消费者的选择增多，企业获取精准流量越来越难。如果流量不能转化为交易，那么它就不是高价值的流量。因此，企业需要思考如何吸引新客户、如何让老客户带来新客户等问题。当企业面临这些难题时，可以先考虑以下问题：

(1)为什么要获得精准流量？

(2)流量的质量与数量哪个更重要？

(3)获取精准流量需要哪些步骤？

为什么要获得精准流量

精准流量是指预期客户，即那些有购买产品欲望的人。对于企业来说，只有那些对企业产品感兴趣的人，才有可能购买产品，从而产生订单。如果你吸引来的客户对你的产品不感兴趣，没有购买产品的意向，那么对你来说也是一种负担。

当然，如何做精准流量，因产品而不同。首先，企业经营者应该分析自己的产品特点，对消费者有什么好处？其次，谁需要这些产品？他们的用户画像和兴趣是什么。比如，一款瘦身相关产品，你应该先去了解需要瘦身的人有哪些特点，他们喜欢看到什么方面的内容，以及他们经常出现在哪里等。只有了解了这些，才能创建目标客户感兴趣的内容，并将其发布到客户经常出现的地方。当目标客户看到这些内容时，他们才会主动联系你。

企业吸引来的流量一定是对企业的产品感兴趣的人。

引流质量大于数量

与其给企业 10 000 个无用的流量，不如给企业 100 个精准流量。如果每天能提供 100 个精准流量，就没有不盈利的产品。如果企业经营者想要获利，必须要想方设法提高交易量和转化率。

因此，引流的核心在于：质量和数量。质量是找到最了解并根据项目付款的人，需要从源头控制精准的流量。

质量越高，转化越容易。比如，现在已经建立了一个面向创客联盟的社群，那么最精准的用户一定是企业家、老板、微信用户和宝妈。不过，数量也能引起质变。虽然每天只有 1 000 个流量涌入，但随着时间的推移，每 1 000 个流量中总能积累一定的用户群，成交量也能得到提高。

只要企业持续地制造精准流量，日复一日地提高企业的精准流量质量，那么提高企业的营业额是非常简单的。

精准引流的四个步骤

在引流方面，有主动引流和被动引流两种方式，以及精准粉丝和泛粉丝两种类型。然而，如今获得精准粉丝越来越困难了。

在这里，介绍几种精准引流的方法。

1. 建立精准的用户画像

进行精准的人群定位，确保引流的效果。如果你不了解用户画像，不可能获得精准的粉丝群。

2. 分析产品并细化价值点

在过去的营销策略中，有一种被称为价值卖点提炼的方法，也就是所谓的分析产品并细化价值点。企业要分析自己的项目、产品、优势、卖点等，无论企业经营者卖的是什么产品，都要知道自己产品的优点和卖点，以及如何用普通用户能够理解的语言来表达这些卖点。同时，还要了解自己的产品与同行的区别。

3. 匹配引流渠道

现在，可以进行引流的平台太多了，比如，百度、头条、知乎、抖音、微信等。但我们不能求多，要找到自己擅长的渠道，并专注于这一领域，并学习该渠道的宣传技巧。

4. 提供高价值内容

企业要不断为目标受众提供有价值的内容，这些内容是引流的基础。如果在吸引精准人群进入企业的平台之后，不能为他们提供高价值内容，他们就会离开。同时，这些精准的内容也可以吸引更多对此感兴趣的人群。

想要获利，第一步就是获取流量；想要获得更高的利润，要不断地吸引新流量。而且，这些流量越精准，成交量就越高。企业在吸引流量时，也要有转化与成交的方法。

05 流量转化与成交

前面文章提到,流量一般有两种类型:免费流量和付费流量。无论是哪一种流量,只有实现交易才是具有价值的流量。因此,企业在引流时,不仅要考虑如何吸引大量的流量或精准的流量,还要思考如何让这些流量实现成交。

提高成交量的关键点

那么,如何提高这些流量的成交量呢?

1. 内容营销注重原创性

平台代表:微信公众号、百家号、网易号、搜狐号等自媒体账号。

如今,随着互联网的快速发展,人们也习惯于搜索或浏览自己感兴趣的东西。例如,当你想了解微信时,你会在网上搜索"微信"并获得大量与微信相关的信息。此时,你会根据网络上的信息来判断微信的好坏,作为你是否使用微信的依据。

因此,不要忽视内容推广的重要性。很多企业会在全网做品牌营销,其实就是为了引流做代言,提高品牌曝光度。

大多数自媒体平台的准入门槛都很低,但是一些自媒体账号对质量要求很高,就像百家号关注作者的原创作品一样,发布拼凑或复制的内容将被拒绝。

需要注意的是,在注册时,应先阅读注册协议并填写信息,然后才是营销内容的填充。发布哪些内容、如何撰写标题、出现哪些关键词等都是内容营销的关键。

账号权重越高,内容的初始推荐就越高。因此,在运营这些自媒体账号时,内容质量必须好,这样点击率才能高,才能吸引更多粉丝。

2. 视频营销定位要精准

代表平台:抖音、快手、西瓜、虎牙、花椒直播等App。

这些平台大家都很熟悉,以我们最熟悉的抖音为例,当我们刷抖音时,发布者是如何通过制作短视频和直播获利呢?

首先,客户定位。每个热门账号都会有自己的定位,比如"信息""观点""轶事""美食""萌宠""情感""生活"等,从而吸引一批具有相同爱好的人。

其次,制作原创内容。原创视频的推荐指数高于转发的,原创短视频更容易吸引粉丝。人们的好奇心非常重要。只要吸引到他们的注意,你的产品才可能被发现。

最后,必须有一个清晰的标签。如果你的账号没有明确的标签,用户很容易就会将它遗忘。那么,创建这个账号就是没有意义的。企业的目的是留住用户,从而引导自己的私域进行后续交易。

3. 营销活动增加销售额

有很多方法可以通过活动引流,刺激用户进入你的流量池。吸引新用户的方式包括投票、促销、折扣和展览等。比如,抽奖对用户非常有吸引力,因为用户需要支付低成本,甚至有些用户不需要任何成本就能获得奖品。

抽奖方式也有很多种，比如，1元秒杀、积分抽奖、小程序抽奖、大转盘抽奖等。不过，企业在进行抽奖活动时，设置的奖品应有吸引力。

通过以上内容营销、视频营销以及一系列的营销活动，可以与用户建立更多的互动和交流，同时为他们提供价值，也可以分享课程。

有了效果、理解和互动，才会有信任，进而才可以交易。但有了信任并不意味着了解需求，还需要更深入地了解用户的需求和痛点，才能更好地满足他们的期望并促成交易。

实现交易的模型

交易是一个分阶段的过程，不能要求用户在第一次接触时就购买产品。获取利润需要循序渐进，像交朋友一样，需要通过交往建立信任和感情。因此，可以采用以下交易阶段模型来逐步吸引客户：低价格过滤和中间价格锁定。

1. 低价格过滤

关键在于将用户身份转变为潜在用户。即使没有立即获利，只要有付钱的行为，可以让一些有需求的用户有机会进入，这是主要目的。当用户付款时，你就成功地将其转化为潜在用户。

2. 中等价格锁定

中等价格锁定的核心是锁定用户的服务周期和交互频率。主要目标是让企业有机会多次为用户服务并了解用户，从而以较低的成本建立信任，后续再进行个性化销售。此外，还有以高价获利。

当客户被锁定时，企业的服务和产品将对用户产生影响。随着改进，用户对企业有了信任，再交易会更加容易。

在通过交易模型引流之后，还需要对流量用户进行分类，因为每个人的要求是不同。一种产品不能让所有人都满意。用户喜欢你的产品是好事，不买你产品的人并不意味着你们不能成为朋友。简而言之，关系就是生产力。

流量分类管理的价值在于，从客户的痛点、舒适点出发，做好关系的预热。

激活新用户的方法

流量红利逐渐消失，消费市场也进入了"冷期"，因此企业需要寻找方法来激活新用户。以下是目前最有效的方法。

1. 用户行为公式

对进入自己流量池后激活使用或付费的新用户，可以使用以下公式：

$$行为 = 动机 \times 阻力 + 奖励$$

行为是指希望用户完成的行为，例如，注册账号或完成第一笔交易。动机则是指用户自己想要完成某事的动力，例如，当用户家里没有菜时，他会有买菜的需求。阻力则是指行动起来是否容易，例如，当使用产品时，需要花费20分钟来注册，用户会因此失去欲望。奖励则是指用户完成行为后可以获得的反馈，例如，购买商品后平台会向用户推送消息"恭喜您，您已在××平台成功购买商品"。

请注意，动机和阻力是关键因素。动机越强，用户完成行为的意愿会越高；阻力越大，用户完成行为的可能性会越小。

2. 影响用户活动的要点

（1）用户需求。在激活新用户时，需要了解用户是否需要使用产品以及是否有其他选择。例如，除了叮咚买菜，用户还可以在美团上订购蔬菜。此外，用户做出决策的周期也很重要。如果用户正在准备购买SaaS（软件即服务）工具，但需要半年时间考虑，那么他们可能会从另一家企业购买。

（2）外部协助。在新用户激活过程中，企业可以使用心理学来提高用户的购买动机。例如，群体效应可以促使用户跟随大众关注某个公众号；稀缺性可以激发用户购买产品的欲望；紧迫性则可以通过显示"最后一张"等方式加快用户购买速度。

了解影响用户购物行为的关键因素可以帮助企业轻松地激活新用户并提高成交量。因此，在引流过程中，企业需要有流量转化和成交的思路，才能实现有效的引流。

06 用户至上

无论何时，想要刺激用户消费，企业必须站在用户的角度思考问题，特别是要确定核心用户的需求。只有"以用户为中心"，并与用户保持相同的认知，了解用户的使用场景，针对用户特定需求提供有针对性的服务，才能真正获利。

营销的核心在于以用户为中心，挖掘用户的需求。例如，某购物平台在进行购物活动时，用户可能只是因为活动的广告而来。但是当用户进入活动页面时，他们会看到自己想购买，并且这些商品正在以折扣价（相对较低）出售。

当用户越来越有个性化需求时，企业需要做的不是追求大而全，而是找到用户的底层需求并从根本上加以解决。同样，当用户对产品的需求越来越多样化时，需要使用不同的营销策略来提高产品的价值。

从用户的角度去营销

在进行营销之前，企业经营者善于使用手中的资源。下面我从三个方面讲述营销前需要分析的问题，并从用户的角度考虑营销。

1. 用户联系分析

（1）触达用户。不触达用户的营销策略是无效的。与用户的持续联系，可以改善产品营销策略。因此，企业经营者需要分析在营销过程中所有能够触达用户的方式，以避免流量遗漏和扩大辐射范围，从而实现最大化营销效果。换句话说，如果企业经营者希望让更多的用户了解营销活动，必须使用更多的方法接触用户。

（2）广告相关性和兴趣吸引。除了电话沟通外，从产品营销的角度来看，企业经营者还需要使用其他方法来增加联系，最重要的是广告相关性和兴趣吸引力。广告相关性很容易理解，即尽可能找到与平台用户高度相关的场景。例如，许多线上招聘软件直接在各种线下渠道打广告，如电梯、地铁等。广告营销以用户为中心，根据用户情绪和场景转换，因此广告本身就是一种外部营销方式。

（3）利益吸引。除了前面提到的接触用户外，企业还需要做好吸引兴趣的工作，包括红包、优惠券、折扣券等。企业经营者在营销上需要做的是吸引不同渠道的利益点组合。例如，当我们发布一篇文章时，这篇文章需要附带一些。这些价值不需要用户转发，只需要点击获取。这是以最低门槛刺激用户消费。分享和转发可以在用户消费后进行。当用户消费后，他与企业就成了利益共同体。在消费后，他肯定会对自己购买的产品产生一定的认同感，因此最好在这个时候让用户做裂变。

以上三点只是接触用户的冰山一角，还有更多更好的方法值得学习。企业要做的不仅是触及用户，还要施加影响，这样做营销才能获得成功。

2. 用户心理分析

正确处理用户心理是营销活动的必备素质。如今，市场上的很多产品越来越同质化。产品都不错，但它们无法充分体现价值，导致用户无法感知到产品价值。

因此，营销最重要的是创造用户可以感知的价值。以直播为例，为什么现在如此火爆呢？

在直播中，许多品牌会与主播联合销售商品，价格通常会低于产品的日常价格，而产品数量也很少，价格更加优惠。通过这种方式，品牌可以接触更多的潜在客户，并通过"秒杀"等活动制造出一种紧迫感，从而激发用户的购买欲望。

直播本身拉近了商家和用户之间的距离，让用户更加直接地感受到产品的价值。即使对产品没有需求，也会因为产品的价值而产生消费需求。

为用户创造消费需求

有时企业经营者会认为，产品卖不出去是因为用户没有购买需求。实际上，用户的需求是可以创造的。如果用户没有需求，企业可以通过创建需求并推动销售。

以下是两种方法：

1. 构建使用场景

有时候，用户没有需求，不是因为他们真的不需要这个产品，而是他们没有想到使用它的场景。因此，企业经营者可以通过为用户构建场景来突出产品的使用价值。举个例子，如果你是一家手电筒公司的市场营销人员，你可以增加使用场景，如夜间登山、凌晨下班等，以挖掘更多的潜在用户，并满足他们的潜在需求。

2. 与参考对象的产品进行比较

企业经营者可以拿出几款已经被用户认可的产品进行对比，以吸引更多潜在用户。但是，在对比时不能过于夸大效果，否则对比缺乏可信度。相反，企业经营者可以使用大量数据、客户见证和视频等来帮助证明新产品的优势。例如,公司推出了一款最新的电器,可以拿去年卖得好的电器来做对比。通过数据和用户的反馈来说明新产品的优势,比如,它在旧款的基础上增加了什么功能或做了哪些改进等。由于旧款电器已经得到了市场认可,经过对比,用户就会对企业生产的新款电器产生信任感,认为它只会比旧款更好,而不会更差。

3. 锁定价格锚点

企业可以通过展示产品的价值,为自己的产品制定一个价格锚点。此时,用户自然会或多或少地创造出使用产品后的场景或应用于自己的商业模式时的产品场景。然后,企业再亮出产品的价格,以低价匹配高价值的产品,从而给用户营造出惊喜感。

例如,当用户对一个产品的总体认知在1 000元以上时,我们卖给用户700元,此时这个价格就非常具有吸引力。

需要注意的是,企业经营者需要做的是降低一定的门槛并提高惊喜度,但不能过度降低企业的品牌价值,否则会损害品牌定价和产品价值。在产品的平台营销中,经营者必须拉近与用户的距离,增加与用户的联系,让用户更快了解产品的价值,才能更快地达成交易。

对价值进行评估

价值评估是企业经营者从用户的角度来评估营销的价值。根据马斯洛的需求层次理论,产品需求与阶梯一样。

价值是能够满足用户的一个或几个需求,经营者需要做的是改进用户对产品或营销的价值评估。

从三个方面进行价值评估。

1. 初始心理价值

当用户购买笔记本电脑时,会根据过去的认知预设一个心理价值。

例如，如果用户想买一台新电脑，会将这台电脑的购买成本与他之前的认知进行比较，这就是用户购买笔记本时的初始心理价值。因此，企业经营者在制定价格时也需要考虑用户的初始心理价值。

2. 参考历史价格

用户通常会通过产品的历史价值来评估新产品。例如，上一年这个时候，某个品牌的产品价格比刚推出时低了5%，但当年没有降价。如果没有达到用户的预期价值，很容易流失用户。因此，企业经营者在制定商品价格时需要参考上一年度的价格，以避免让用户产生失望等负面情绪。

3. 提高产品的感知价值

在评估一种产品的价值时，大多数人都会征求他人的意见和想法，因为许多人的消费心理并不坚定。如果在不同的场景中，不同人给出的消费者意见相似，那么用户选择购买的可能性就会增加。因此，企业可以通过提高产品的感知价值来吸引更多的潜在用户。

从价值心理学的角度来看，如果用户购买的特定产品得到了大多数人的认可，无论产品是否带来了足够的价值，他人给予的心理价值已经覆盖了自己所付出的沉没成本。因此，企业经营者需要考虑如何扩大用户对产品的感知价值，以吸引更多潜在用户。

企业经营者需要增加产品的感知价值。在营销活动开始之前，必须进行宣传，并以折扣和福利。然而，在这种情况下，已经为用户设置了更高的心理价值预期。如果用户发现所谓的"福利"是虚张声势的幌子，会感到受骗。因此，企业经营者应该用50%的价值吸引用户，然后再用剩余的50%的价值巩固用户。例如，在一次推广小程序直播的活动中，可以在推文中详细介绍小程序直播的价值和活动的小惊喜。进入活动后，用户可以获得使用小程序内测的机会，并免费参加大转盘抽奖。这是为了相应地提高用户的价值并增加其感知价值。

总之，企业经营者应该通过增加产品的感知价值来吸引更多潜在用户。同时，在进行营销活动时要注意不要过度夸大产品的价值，以免失去用户的信任和支持。

接下来，企业经营者需要控制营销价值。许多产品喜欢在营销活动中打折和降价。从转型和交易的角度来看，这无疑是一种手段。

然而，如果长期将折扣和降价作为营销手段，会消耗品牌本身的价值。用户也会将其与历史价格进行比较。如果后续无法再给用户提供低价值，用户就会感到失望，很有可能不会继续消费。

因此，在营销中，我们需要控制产品本身的价值开发，从而转化和增加更多的辅助价值。这些辅助价值包括实物、特殊资质、产品体验和企业之间的合作以及不同行业之间的合作等。

解决引流问题最简单的方法就是把自己当成流量，把自己当成用户，站在这样的角度去看问题。

换言之，想要吸引用户，要把自己当成一个用户，想想会在哪里被吸引，会被什么样的活动所吸引。例如，如果有一个好的课程，不仅会自己购买，还会推荐朋友来购买。那么，如何才能带动朋友来购买呢？把自己当成客户。

07 利他引流策略

有一种持久的引流方式就是输出干货。无论你从事哪个行业,你都可以整理出有价值的干货,并与精准的客户分享。比如,以前传统的引流方式之一,会在群中共享虚拟资源的链接,如果将这些资源发到群中,这在其他人看来就是干货。大多数对它们感兴趣的人都会保存它们,但你可以在这些在线磁盘上添加自己的水印广告。

当用户打开链接时,广告可以是图片、文件夹名称或者内容中的水印广告。如果你的文件是视频,也可以在视频中添加水印广告。这样,当用户想要学习或使用你发送的信息时,他们会打开并查看你的联系信息,通过添加你的微信或关注你的公众号获得。

在互联网时代,能用的方法就更多了。除了输出干货,你还可以通过社交媒体、博客、论坛等方式与潜在用户互动,分享自己的经验和知识,提供帮助和建议。通过建立良好的个人品牌和口碑,吸引更多人关注和信任你,从而实现引流的目的。

实现"双赢"引流

现在许多餐馆都有几道非常便宜的引流产品。街上有那么多餐馆,你为什么决定去这家?因为这家有一道特色菜"麻婆豆腐",只要一元钱。老板放出了麻婆豆腐的利润,这基本上没有什么利润,但成功地将潜在食客引入消费。食客觉得自己省了钱,餐馆老板也获利了。同时,它吸引了许多潜在的食客进入餐馆,其中有两个关键点:第一个是"利他主义",第二个是"引流"。只有在利他主义之后,才能成功引流。

在这个过程中,这道菜其实就是这家餐馆的引流产品。现在不少餐馆都有几道引流产品。

再如,在过去几年,互联网蓬勃发展。在中国,你最常用什么通信软件?几乎每个人都会脱口而出,QQ和微信。这两款免费使用的即时通信工具,来自同一家公司——腾讯。虽然这两款产品是免费的,但腾讯并不是在做公益,它通过免费的产品撬动了庞大的商业市场。腾讯不仅自己开发了许多附加的收费功能,还吸引了非常多的合作伙伴。腾讯就像掌握着大门钥匙的门卫一样,如果门卫不让人出去,周围的相关行业就赚不了钱。

腾讯通过两个日常通信软件,引导数亿的互联网用户消费。例如,许多国内在线购物平台背后的股东都会找到腾讯。因为免费软件是利他的,日常交流和工作都获益。如果其他行业想要引流,他们需要打开腾讯界面,这也是一种利他的引流策略。

用"免费"实现长远获益

当你了解"利他主义和引流"之间的关系后,你会发现这一策略不仅适用于餐饮和通信软件,还被用于许多其他行业。例如,百度网盘、新浪邮件等都提供免费注册和使用的服务，通过引流策略成功吸引了大量用户。然而，如果你需要升级服务，必须支付费用。

实际上，这也是互联网行业中一种常见的商业模式，即"免费＋收费"模式。通过免费吸引大量用户参与或使用，而对一小部分用户收费可以支持企业的运营，实现盈利。

与餐馆的引流策略不同，互联网时代的引流策略更加注重免费策略。在短期内，免费是一种利他行为，能够吸引大批用户。在"利他引流战略"中，"免费"发挥着越来越重要的作用。

无论你是实体店还是在线商店，如果你也面临引流方面的问题，请先满足用户的需求。

舍小得大的引流方法

根据这种思路，有以下几种引流方法：

1. 免费体验

这种方法适用于舞蹈、健身、游泳、早期教育等领域。用户关注公众号或加入微信社群后，可以获得免费试用的机会。即使用户在试用后没有立即购买，我们已经将他们引流到自己的私域中。可以定期向用户发送优惠和资讯，以建立用户对品牌的认知。这样，当他们或他们的亲友有相关需求时，会第一时间想起我们，提高成交率。

2. 特价促销

一些餐馆经常使用特价促销提高入场率。他们会推出一些价格相对较低的引流产品，比如，"绿豆粥1元""麻婆豆腐2元"等。很多人被这样的低价吸引，会进入餐馆就餐。然而，很多时候，顾客不会只点一份特价商品，他们还会点其他的菜品，因此，餐馆能够通过附加销售获得利润。

3. 寻求跨行业合作

现在,许多信用卡企业经营者都与便利店和大型超市等合作。只要消费者使用这些信用卡进行支付,就能享受折扣,比如,290元的商品折后只需190元。这种合作吸引了更多顾客使用信用卡。

总体来说,通过提供小的优惠或价值商品,换取更大的价值,这样的交易对双方来说都是划算的。

08 寻找自身价值

什么是引流？简单来说，就是将企业的价值输出给用户，通过提供价值来满足用户的各种需求。例如，要满足自我能力的提升，可以提供知识。

换句话说，人们关注你的原因是因为你能为他们带来好处。因此，引流的关键是用自身的价值吸引流量。

用价值满足用户需求

价值的关键在于将其提供给正确的人群。只要目标人群正确，即使一件价值 5 元的东西，你也可以以 10 元乃至更高的价格销售。

举个例子，如何满足人们的"懒惰心理"？提供能够节省时间和精力的产品或服务以满足人们的此类需求。为了省去购物的麻烦，很多人愿意支付额外的运费，在线购物并等待快递送货上门。因此，可以说，获得流量就是帮助用户解决问题。

当用户遇到问题时，你可以帮助他们解决问题，并提供一些真实情况来证明。这就是引流。

尽管存在许多类似的产品,甚至这个企业的产品比其他企业的产品更好,但消费者还是更愿意购买其他企业的产品。为什么呢?除了其他企业的产品能够更好地满足他们的需求外,还因为其他企业能够帮助用户解决更多问题,提供更多附加价值。

信任是消费的门槛

无论处于什么时代,产品、服务、价格和口碑等因素都是决定用户是否信任企业的关键。其中,最重要的是企业能够帮助目标用户解决他们的问题。

当然,不应该只关注引流效果如何,更应该关注自己为用户创造了多少价值,解决了哪些问题。

所谓"一分耕耘一分收获",引流需要付出努力。无论是在QQ、微信、知乎、贴吧、豆瓣还是在其他地方,如果自己发布的信息对用户毫无用处,无法帮助他们解决问题,再多的努力都是徒劳的。

我们不应该总是追求即时的利润,应更多地与用户互动,建立良好的关系。建立联系,培养习惯,并占用用户更多的时间。

正如前面所说,流量的背后是数量和时间。企业拥有用户的时间越多,越能在竞争环境中立于不败之地。有时候,看到别人的社群每天都能引流100+,而自己总是没有流量,为什么呢?因为我们无法为群里的用户带来价值,无法获得他们的信任。

输出价值是引流密码

时间能够创造价值,而价值能够吸引流量。

持续引流需要耐心。前期,我们不应该急于追求收入,而是要不断努力。如果产品和服务做得好,自然会吸引人关注。因为在这个时代,信息搜索引擎和信息推荐引擎非常强大。

每个人都忍受不了没有回报的日子。但是,如果能够忍受孤独,并延迟满足,持续输出价值,能够解决许多引流问题。

无论在哪个平台进行引流,核心都是长期付出,帮助用户解决问题,赢得信任。最终,将达到精确流量自动上门的状态。能够做到这一点的人是少数。许多人追求短、平、快的生活,试图在今天付出,明天获利。

引流的本质是站在对方的角度考虑问题,并帮助他们解决问题。如果我们只从自己的角度考虑引流,比如,希望拥有更多的用户、更多的订单和再次购买,那么很难建立一条低成本高效的引流之路。付出、耐心、价值输出和坚持,这些品质都是无价的。

引流不成功的主要原因是没有足够的努力和价值输出,长期价值输出是企业实现可持续成功的核心要素。

09 创造生态链

有些人可能不太了解引流的生态链是什么。简单来说，它可以称为全网络营销。生态链是指在特定环境中相互作用的所有生物和环境的总称。比如，小米生态链。小米生态链是雷军以小米技术为核心打造的线上产品联盟，同时也与线下进行连接。网上购物具备更多选择、更快速、更好品质等特点。小米生态链完全满足了这几点，这也是小米在过去几年快速发展的秘诀。

生态链的形成过程

现在，通过分析小米生态，来介绍生态链的形成过程。

第一步，基于自身业务发展周边产品。对于小米而言，开始使用手机并布置硬件设备。当小米还徘徊在智能物联网的门口时，为了进入这一领域，小米先想到的是基于基础手机业务开发周边产品。周边产品的开发门槛较低，适合从这个方向突破。随后，小米开发了生态链的第一代产品——移动电源，并取得了非常好的效果。小米生态链成功打响了第一枪。

有了可借鉴的经验，小米生态链陆续布局了空气净化器、插座、扫地机器人、摄像头等各类产品，从手机周边拓展到智能硬件和生活耗材。由于销售的产品种类繁多，小米生态链被网友戏称为"小米的杂货店"。

第二步，建立一个IoT（物联网）平台，将万物联系起来。物联网，简单来说，是实现智能设备之间的连接和交互，促进用户的有益消费升级。在硬件布局有了一定基础之后，硬件连接就有了基础。

之后，小米通过成立小米有品和小米之家，拓展了生态链的消费群体，同时跨进了"新零售"领域。

其实，你并不缺乏网络流量，但是可能没有使用正确的引流方法。在互联网上，如果你还没有找到用户，可能是因为你还没有学会如何利用现有的资源去连接万物，建立一个属于自己的生态链。

要建立属于自己的生态链，关键在于找到用户聚集的地方。换句话说，如果你想通过生态链进行在线引流或推广，必须先找到你的目标用户聚集的地方，然后围绕这个地方建立多个"流量端口"，也就是创建多个业务支线。例如，小米除了手机销售主业，还发展出了家电、空气净化器、插座、扫地机器人、摄像头等多个业务支线。在建立好流量端口之后，接着是考虑如何继续增加流量，将各个业务支线的资源融合起来，找到它们的共同点，互相引流。

让万物连接在一起，产生更大的商业效能，覆盖更多的用户群体，这就是生态链的意义。生态链的使命是普及流行产品和大众化高端产品。目前，根据市场上关于生态链的发展趋势，未来生态链还将有数百亿的市场发展空间。

扩大生态系统

如果你现在刚开始做自媒体,在最初阶段,不要急着做广告,而是要先建立起粉丝对你的信任。当你的粉丝流量达到一定数量时,你就可以引导这些流量进入你的私人领域。

此外,你还可以与一些流量较大的同行合作,互相引流。尽管这些平台上的流量很大,而且增长很快,但是应该尽量专注于自己的私人领域。要记住,自己才是与用户互动的最佳人选。

事实上,网络上的引流行为是在悄然进行的。举个例子,无论是微信、抖音、小红书、快手,还是 QQ、微视等社交软件,一般都有推荐通信录好友的功能。你觉得这只是一个简单的推荐朋友的功能吗?不,它背后代表着一个社会生态链。比如,你写了一篇推广软文,通过社会生态链的功能,这篇软文可以被推荐给你认识的每个人,他们可能是在微信上看到的,也可能是在抖音上看到的;他们可能是你的用户,也可能是你的朋友,甚至家人。

此外,这些平台通过建立点赞、收集、转发等功能,提高社交生态系统中的互动。微信视频号的点赞、抖音短视频的点赞以及抖音推荐的普通朋友都是利用这个规则。同时,通过熟人的转发,你可以轻松地扩大你的生态系统。

同样,企业想要扩大熟人圈,可以先通过一些流量大的平台引流,将陌生用户转化为忠实粉丝,发展成为自己的"熟人"。

生态引流的底层逻辑

要实现社会生态的精准引流,需要掌握以下两个底层逻辑,并不断进行尝试。

1. 无私奉献

如果你想得到，必须先给予。如果你想让领导加薪，需要不断创造超出他期望的价值。为了赢得用户，你只需要给他们想要的价值。

回想一下，在人的一生中，想获得什么，是不是只有不断地给予，别人才能满足我们的需求。同样，如果你想让别人关注你，成为你的粉丝，需要提高和普通用户的互动性，让他们关注你。当你学会这种引流的底层逻辑后，可以迅速建立自己的圈层，将他们引入你的社会生态链。

2. 持续沟通

如果你想实现目标，要敢于不断地与对方沟通。在同一个生态链中，往往有许多不同品类的产品。当用户刚接触你时，可能对他们看到的产品不感兴趣。这个时候，你可以通过持续访问和沟通，争取展示自己产品的机会。

然而，现在人们都很忙碌，如何他们要花时间去听你宣传自己的产品呢？你可以通过给予一些优惠来吸引他们的关注。一旦对方关注了你，进入你的私人引流领域，你就可以定时给对方推送你的产品。随着时间推移，一定会有满足他们需求的产品出现。由于长时间推送，他们已经对你产生了一定的信任，当他们需要的产品出现时，容易达成交易。

生态链的好处在于，它能提高满足用户需求的概率，并有助于建立用户的信任。

第四章 04

私域流量大于公域流量

除了免费流量和付费流量外，还可以将流量分为公域流量和私域流量。虽然两者都是流量，但实际上它们有很大的不同。

那么，为什么企业需要将公域流量转化为私域流量呢？因为私域流量更加稳定且长期有效，而且可以更好地满足用户的需求。如何实现这种转变呢？这需要企业通过自身内容、产品和服务等吸引用户，并建立良好的用户关系，从而将公域流量转化为私域流量。

01　发挥公域流量价值

思考一下，我们每天在互联网上花费的时间，是在公共领域还是在私人领域？大多数在线交易是在公共领域完成的，还是在私人领域完成的？

很明显，前者的答案是公共领域，后者是私人领域。因此，无论是公共流量还是私人流量，都有其存在的价值。公共领域仍然发挥着重要的作用，我们需要全面深入地研究其特点。

公域流量的四大特征

一般而言，公域流量具有以下三个特征：

1. 流量规模庞大

由于网络打破了时空限制，任何一个网络公域都拥有相当数量的流量。根据统计数据，2021年我国购物商场的平均日客流量约为2.5万人，而网络公域的每日活跃用户数量往往会达到几千万人次，甚至上亿人次，巨大的流量带来了巨大的商机。

2. 公域承载主要流量

任何一个网络公域背后都有一个特定的经济实体，例如，微信、淘宝或百度。这些实体实际上控制着相应的公域流量，并通过该流量获得经济利益。因此，公域流量实际上是它们的主要私域流量，公域流量是一个相对而言的概念。

在线下商业模式下，用户几乎不可能从上海的南京路转移到北京的王府井。每个商业街区和商业综合体都有自己相对固定的客流量。但在网络时代，用户可以通过简单点击鼠标或触摸屏幕的方式，从一个公共领域转移到另一个公共领域，便利的流量转移，意味着提高用户黏性对于流量的稳定性和增长至关重要。

3. 数据垄断

只要你上网，你就会在网络上留下数据。公域流量所有者由于拥有获取和掌握这些数据的天然优势。它们将客户和交易相关的数据视为核心资产，并不会全面与附着在上的私域流量所有者共享。随着科技发展，它们对于掌握私域流量的命脉将拥有越来越大的优势，并从中获得更多的利益。

公域流量类型

公域流量，又称平台流量，属于平台用户的集体流量，它可以分为线上和线下两大类型，而线上又可以细分为五大类型。

1. 线上公域流量的五个类型

（1）电子商务平台（淘宝、京东、网易考拉等）。

（2）内容聚合平台（腾讯新闻、网易新闻、今日头条等）。

（3）社群平台（百度贴吧、微博、知乎、简书等）。

（4）视频内容平台（腾讯视频、爱奇艺、抖音等）。

(5)搜索平台(百度搜索、360搜索等)。

2. 线下公域流量的类型

公域流量传统线下流量平台有很多,比如,商场、城区、地铁、公交车、电梯等流量密集区域。

公域流量对企业的价值

虽然垄断流量不是公域流量的价值所在,但是公域流量仍然具有其独特的价值,而这种价值是私域流量无法替代。

首先,公域流量具有受众面广、能够快速将品牌传播到所有受众并形成广告效应的优势;其次,公域流量对消费者记忆的持续影响有助于塑造品牌形象;最后,公域流量可以保持品牌的活跃度和竞争规模,提高品牌的生存时间。

那么,企业如何有效利用公域流量呢?

1. 通过自媒体运营吸引目标用户的关注

在社交平台上,通过规划自媒体内容,根据目标用户的喜好来激发兴趣,并主动关注他们。这样可以将公域流量转化为私域流量。

这种流量转化方式对自媒体的运营提出了更高的要求。除了需要为自媒体内容的推广付费外,企业经营者还需要积极关注目标客户关注的热点、方法等方面的变化,并根据粉丝的喜好进行自媒体内容规划。例如,制作满足目标群体偏好的小视频,并将其发布在平台上以吸引目标群体的注意力。但是,这种转化方法的粉丝黏性并不高,一旦过度营销,很容易流失粉丝。因此,企业经营者在进行流量转化时需要注意平衡营销和用户体验之间的关系,避免过度营销导致用户反感。

2. 通过粉丝互动增强粉丝黏性

目前,将公域流量转化为私域流量的主要途径是通过"新媒体+直播营销＋自媒体＋社群营销"等形式,采取多种措施,全方位互动来稳定粉丝群体。因此,将公域流量转化为私域流量后,流量运营变得非常重要。

企业经营者需要通过各种营销活动不断与粉丝互动,提高粉丝的黏性和活跃度,才能有效地管理粉丝。同时,应该通过营销活动来实现自己的品牌价值。毕竟,流量的目的是让用户体验更好、更方便、更实用的购物,这些都是流量管理的有效方式。

公域流量的好处在于,平台初期会有一些平台红利,流量成本相对较低。随着平台的成熟,流量成本会逐渐增加。因此,在这个时候,企业就要及时将流量从公域吸引到私域中。

02 私域流量的载体

了解私域流量之前,先需要了解流量池的概念。流量池指的是一种拥有大量流量的渠道,比如,淘宝、百度、微博等。简单来说,只要有足够的引流预算,就可以通过流量池不断获取新用户。

私域流量与流量池有关,它意味着企业可以在任何时间以任何频率直接连接到用户,而无须支付额外费用,比如,微信、微博等。私域流量的特点是可以直接与用户进行互动,建立稳定的关系,并通过精细化的运营和营销策略实现用户转化。与流量池相比,私域流量更加稳定,可以更好地满足企业与用户之间的互动需求。

私域流量的价值

为什么需要私域流量呢?主要有以下几个原因:

(1)流量更可控。公域流量是指在第三方平台上的用户,虽然数量庞大,但与企业关联不大。通过将这些用户导入私域流量,才算是企业的用户,并能够更好地进行后续服务和裂变活动,实现用户数量和质量的增长。

（2）高性价比。公域流量的曝光往往需要付费，比如，关键词竞价。而将用户转化为私域流量后，企业经营者可以通过各种活动自由引流和转化，无须额外花费。然而，私域流量的可控性和用户体验至关重要，如果处理不当，用户可能会从私域流量中流失。

（3）提供深度服务。通过私域流量，企业有机会为用户提供更深入的服务。以抖音为例，当用户关注某个ID后，就能够看到该ID发布的所有视频。随着关注者的增加，ID所有者有机会成为"网红"，并通过带货等服务获得收益。私域流量的积累和运营可以帮助企业更好地满足用户需求，提供有针对性的服务。

总而言之，私域流量相比公域流量，具有可控性和成长潜力，可以帮助企业建立稳定的用户关系并提供更深入的服务。然而，运营私域流量需要谨慎，注重用户体验和信任关系的建立。

哪里有私域流量

一般来说，私域流量的载体主要有以下几种。

1. 微信公众号

例如，公众号是我的第一个私域流量。我不断在不同的平台上发布关于私域流量的干货，我的公众号将被标记在各个平台或其他地方的个人简介中。告诉大家：如果想了解更多关于××干货的信息，可以关注××公众号。关注公众号之后，可以看到公众号发布的每一篇文章。

2. QQ群、微信群

虽然今天的QQ是"00后"的世界，但在商业交流方面，QQ比微信要好用得多。例如，通过QQ游戏可以获得很多年轻的用户。如果你的公众号的关注用户每天都在增加，用户的询问越来越多，你可以向公众号的第一个关注添加自动回复，并向用户推送社群号，那么想要交流的用户就可以自动添加到社群。当用户引流到社群后,即使公众号迁移或调整,也不会影响和流失掉社群的用户,这就是私域流量池的好处。

3. 个人微信号

个人微信号的私域流量运营规则是从用户的角度出发,看看用户的需求是什么,并发送相应的内容。每天发布的内容应该体现个人的优势和价值,以形成自己的个人标签。试想一下,一个拥有 5 000 好友的微信号和一个拥有 5 000 粉丝的公众号,哪个私域流量池更有价值?答案当然是微信号,对等的私域交流,有时候比群发短信和电话营销更有效。

4. 企业私域流量池载体

与个人账号不同,企业拥有更大的流量,其私域流量可以制作成 App。一些拥有数百万用户的公众号将开发 App。对于企业来说,它们的公众号是私域流量池。然而,企业自己研发的 App 平台也是一个巨大的私域流量池。只有将用户引入 App,用户洗涤的闭环才算真正完成。

实现引流和交易

首先,思考如何将用户从流量池导入私域流量。最常见的方法是福利引导,比如,关注公众号可以领取红包等。当用户看到进入私域流量的好处时,才能提高成交量。因此,我们需要制作优质内容,依靠内容吸引用户,形成转化,并提供更多有价值的信息。只有这样,当用户发现我们提供的内容对他们有所帮助时,他们才会主动与我们联系。

其次,如何提高私域流量的黏性?过去,重点是吸引新用户和清理沉寂老用户,但是现在思路需要改变。我们需要站在用户的角度考虑问题,制作出能够吸引用户的内容。只有这样,才能提高用户的黏性,让他们更愿意留在私域流量中。

03 运营私域流量

私域流量是指从公域流量和其他渠道引流到个人私域以及公域本身的总流量。一般来说，这意味着个人和企业综合服务平台拥有主导地位的粉丝、消费者和总流量。很多人都在谈论"私域流量"以及如何有效管理私域流量。

那么，私域流量的价值是什么？私域流量运营实际上意味着什么？它有什么特别之处，为什么能吸引这么多人关注呢？

为什么要做私域流量

如今，越来越多的企业经营者开始重视私域流量运营。我们可以清楚地看到，大多数人所讨论的私域流量主要包括微信、微信小程序、微信公众号和网络商城。

然而，实际上私域流量的渠道有很多。私域流量是相对于流量池而言的，意味着企业或个人可以在任何时间和以任何频率直接接触到用户，而无须付费，这是企业或个人独有的流量资源。

简单来说，私域流量运营就是将用户引导到自己的服务平台，然后通过各种渠道和方法与在线客服进行沟通。同时,还会有专业的服务人员提供售前服务、售中服务、售后服务等,帮助企业实现转化和回购。

可以说,私域流量运营的核心目的主要包括提高品牌曝光率、降低开发新用户的难度并保留现有粉丝,以实现交易。

运营私域流量

那么,私域流量的运营方式有哪些呢?

1. 利用公域流量进行引流

公域流量通常指的是你已经拥有的消费群体或潜在用户群体,也可能是你的在线用户。通过社群的方式来引导用户的连接,实现精细化的营销效果。

2. 利用公域流量实现裂变

通过奖励来促进交易,例如,通过邀请人们关注和参与活动,利用积分奖励来促进交易,从而实现用户的分享和传播。

实际上,私域流量的效果通常需要在中后期的运营中才能实现,而不能仅仅依赖于销售市场的发展。因此,我建议你选择具有正式执行力的知名品牌,并逐步管理好私域流量。

首先,需要明确市场定位,弄清楚商品的目标消费群体是谁,哪些人适合购买商品;然后制定符合目标群体特点的运营策略和营销计划,这样才能更快、更高效地吸引消费者的注意力并实现转化。

私域流量的要点

一般来说,私域流量具有以下特点:

(1)性价比高:向私域流量用户展示和推荐信息不需要额外费用。

(2)可持续性强:只要私域流量用户不离开,就可以持续向他们推荐和展示信息。

（3）双向互动：流量所有者和用户之间的关系是平等的，可以进行互动和交流。

（4）稳定性高：私域流量中的用户购买产品后不会轻易离开，仍然会在平台中留存。

从流量发展来看，当前公域流量适合品牌化，而私域流量更适合转型运营。

企业要想将互联网作为主要的用户连接和引流渠道，建议先通过适当的工具和组合（如公众号、群组甚至分发），与用户建立连接，并积累和沉淀自己的私域流量。然后逐步运营私域流量，了解用户需求，建立用户和私域流量所有者之间的信任关系，并为用户提供最适合的产品和服务。

04 公域转化为私域

众所周知,拥有的流量资源数量意味着获得的利益数量。但是,现在获取公域流量越来越难,成本也越来越昂贵。因此,许多企业和商家开始打造私域流量,希望将公域领域流量引入自己的流量池,以提高流量利用率。

那么,如何将公域流量转化为私域流量?下面为大家解答。

转化为私域流量的技巧

为什么要将流量从公域转移到私域?

现在获取流量的成本越来越高,例如,举办活动、向用户推销产品或购买广告位都需要大量资金,而且转化率可能不如预期。在这种情况下,私域流量似乎更经济实惠。私域流量是免费的,企业无须支付任何费用即可接触,并且可以反复接触。与公域流量相比,私域流量转化率更高,因为私域流量是对企业有一定兴趣的用户,对企业的信任度更高。

在将用户转化为私域流量之前,许多企业从公域领域平台获得了大量的流量。

首先,将公域流量转化为私域流量最常见的方法是通过提供实际利益来吸引用户。在这个阶段,虽然有许多渠道包含公域流量,但不同的行业、不同的领域、不同的平台是完全不同的。因此,如果你想将公域流量转化为私域流量,需要先做最适合自己的网络平台。只有选到合适的平台,目标流量才会聚集更多,那么流量的转化才会有可能实现。

其次,通过提供优质内容来吸引用户。在公域领域,将自己的内容构建成高质量和有价值的账号。当其他人发现企业的产出是真正的干货,对他们有帮助时,才会进入企业创建的私域流量池。

因此,如果企业想获得流量,需要提供扎实的内容来吸引用户的注意力。最常见的方法是利益诱导,例如,下载应用程序可以获得优惠券等。当用户看到进入私域流量的好处时,通常会形成转化。

同时,企业可以将用户存入私域流量池,以促进其健康发展和持续的利润增长。为了实现这一点,可以通过分流裂变来提高企业用户的增长。企业可以设置裂变任务,用完成任务后可以获得相应奖励。这种方式可以以旧带新,促进老用户的留存和新用户的增长。

此外,如果你想获得流量,你不能只拥有特定的内容。即使内容再强,如果没有人关注是徒劳。因此,你还需要制定一定的私域营销策略,以提高自己的产品知名度,并通过一些方式增加产品的曝光率。

私域流量引流的关键

如果你想增强一个产品的市场竞争力,需要将流量存入你的私域领域。那么,企业如何建立自己的私域流量池以触达用户呢?

当今,商家可以通过微信小程序、公众号、朋友圈等平台,形成私域流量池。

构建私域流量池的第一步是将流量引入私域流量库,并找到一个高度集中的潜在用户群体,成为目标用户,即"寻找用户"。

企业经营者可以通过打造自己的微信应用商店,然后与公众号连接,建立社群,通过社交流量、线上流量、线下流量和商业流量四大营销触点实现全面获客。

1. 社交流量

社交流量是指通过个人和社交关系获取流量的方式,包括社群运营、导购、社群团购、砍价、分销、微信好友、朋友圈等渠道。这些渠道通过利益鼓励用户积极分享,以及通过社交裂变传播为企业带来更多新用户和订单。同时,与用户建立联系,建立情感纽带,而导购员也可以通过社交引导,与店内和店外场景中的用户建立联系,从而改善客流的转化率。

(1)社群精细化运营,重振粉丝活力。企业通过聚集精准的客户来建立社群,聚集高度活跃和忠实的粉丝,并通过社群进行精细化运营。增强了客户黏性,并通过活动信息、红包分发和成员互动等高质量内容让用户继续购买产品或服务。自己的产品和服务可以得到粉丝的认可,在此基础上,他们可以进行口碑传播,比如,通过分销,让粉丝积极帮助传播和销售。

(2)以群体共享方式刺激引流。单次购买没有折扣,但许多人可以以优惠价格一起购买。企业利用群体活动的价差,刺激用户主动分享,邀请好友一起购买,形成群体裂变,快速吸引新用户。

2. 在线流量

企业可以利用网络的实时性和无边界性进行广泛的营销传播。他们可以通过公众号内容推送小程序卡、微信套餐卡、优惠券等,触达用户并与用户建立联系。此外,商家还可以通过社交媒体平台和搜索引擎优化等方式提高品牌知名度,吸引更多的潜在用户。

3. 离线流量

企业通过线下体验、服务升级、门店空间和时间的延伸来进行流量转化。他们可以通过店铺、海报、互动屏幕等搭建私域流量入口,实现产品与消费者的数字化连接。例如,在门店内设置二维码或扫描设备,让用户可以通过扫码进入其线上商城或社群,从而增加线上流量。

4. 商业流量

商家通过商业广告、付费广告、KOL(关键意见领袖)、IP 内容等手段,可以触达到更多的用户,实现精准获客。比如,公众号、朋友圈、小程序广告,就可以精准圈定用户群体,直接瞄准目标用户群体。此外,还可以利用搜索引擎广告、横幅广告等方式扩大产品曝光度,吸引更多的潜在用户。

如何提高私域用户黏性

在将用户引流到私域领域之后,如何深入接触用户并增强用户黏性呢?企业经营者可以通过持续输出高质量的内容、提供热销产品以及定期开展营销活动来拉近与粉丝的关系。只有圈住用户,才能实现下一个流量商业化目标。

此外,商家还可以通过买家秀、专题文章等内容输出,为粉丝种草、让利,并通过社群团购、秒杀、积分商城等利益激励操作,增强粉丝的黏性,提高复购率。企业还需要提升用户的使用价值,以实现流量高效商业化。

那么,如何高效地商业化流量,让用户持续产生价值呢?商家可以投放各种形式的福利,让用户"主动上钩"。例如,通过数字会员制沉淀用户的价值挖掘,促进私域用户下单,从而实现最高效的流量获利,完成私域流量运营的全部步骤。

现在,企业需要建立一条真正的护城河,将用户引入产品服务后,才可以让他们长期感受产品服务的价值。真正的产品、品牌、规模效应和网络效应才是让企业长远发展的关键所在。请记住,所有依靠流量红利快速爆发的企业都需要守住红利,依靠企业的长期探索和坚持。

05 提高私域流量成交率

无论是公域流量还是私域流量,都是企业获取用户的渠道。虽然公域流量也有其作用和价值,但就目前而言,私域流量仍然是发展趋势。

企业将公域流量转变为私域流量的最终目的是提高成交量。除此之外,对企业运营的意义非常重要。例如,通过建立私域社群,企业可以更好地了解用户需求、收集反馈意见并进行产品优化;通过提供个性化服务,企业可以增强用户黏性并提高用户满意度;通过建立品牌口碑和信任度,企业可以提高品牌价值和市场竞争力。因此,将公域流量转化为私域流量已成为企业发展的重要策略之一。

降低营销成本

在过去,用户在平台上购买产品时,企业与他们并没有积极的"联系"。例如,淘宝卖家可以通过付费在直通车页面吸引用户购买,但用户购买后就退出了页面,并没有与商家形成进一步的连接。因此,流量仍属于平台,而不是商家自己。

卖家只能看到用户的电话和地址信息,然而进一步与对方进行互动很难。如果每个购买用户都添加了商家的微信群等私人领域,情况就会不同。如果你在微信或微信群中添加了 10 000 个用户,并能让他们愿意添加你,那么就会对你形成信任感。当商家推出新产品时,就可以在自己的免费促销渠道直接将信息推送给他们。

因此,连接的用户越多,私域流量也就越多。未来的营销成本也就越低。通过建立私域社群、提供个性化服务等方式,企业可以更好地了解用户需求、收集反馈意见并进行产品优化;通过建立品牌口碑和信任度,企业可以提高品牌价值和市场竞争力。这些都是私域流量带来的优势。

防止老客户流失

在今天的市场竞争中,我们竞争对手的新用户很可能是我们昨日流失的老用户。因此,不能仅依靠产品来连接用户,还需要通过优质的服务和活动来提高用户忠实度。毕竟,如果我们仅依靠产品留用户,当竞争对手推出更便宜、更好的产品时,用户可能就会离开。因此,需要与客户建立情感互动。

建立私域系统可以很好地与用户建立联系。一旦用户购买了产品,他们就可以加入 VIP 用户群,经常参加活动并与商家进行互动。这种连接不只是以产品销售形式。此时,对手想要带走用户并不容易。简而言之,当与用户建立联系时,互动越多,用户的稳定性就越强,失去用户就越困难。

有利于品牌建设

品牌可以说是用客对企业精神的感知。一旦建立,它会产生巨大的影响，这就是忠诚度。品牌不仅与产品塑造、企业使命文化、员工服务、产品体验等相关，还必须被消费者感知到并获得他们的信任。

构建私域流量池可以让用户近距离感受企业的服务，同时与其他用户进行沟通，增强他们的品牌意识，形成叠加影响。这比企业对客户的主动宣传有效得多。

现在，越来越多的企业已经开始思考如何将各大平台的公域流量转化为微信群等私域流量。如果企业不行动起来，就会被市场所抛弃，失去获取私域流量的机会。因此，企业需要积极行动，将公域流量转化为私域流量，以提高品牌的影响力和竞争力。

第五章

05

读懂粉丝的心理

新媒体营销已经成为营销市场的"香饽饽",许多企业,甚至普通人都加入了这一行列。从拍摄乐趣,到带货引流,短视频的热度越来越高。

如果企业想通过新媒体平台引流和创收,就要抓住粉丝的心。只有有了引流基础,企业才能有后续的发展。那么,企业怎样才能抓住用户的心,把他们培养成粉丝呢?一个简单的解决方法就是找到自身的用户群体。

01　用户和粉丝

无论哪个网站、应用程序、互联网产品或公众号，都不能满足所有用户的需求。同样，不是所有的用户都能成为企业的粉丝。因此，企业需要找到精准的用户。遗憾的是，数据显示，只有不到1‰的互联网企业能够真正满足精准用户的需求。现在大多数产品都是为市场制造的，而不是为满足用户个性化需求设计的。

如果一个企业能够精准地找到自己的用户，并让他们成为自己忠实的粉丝，同时为这些粉丝量身定制产品，那么这个企业就有可能赢得市场。

精准用户

大多数互联网产品的用户都是从年轻人开始使用和传播的，他们是互联网的重度用户。年轻人的特点包括喜欢尝试新鲜事物、喜欢分享和传播信息。尤其是"90后"，已经成为许多互联网产品的核心用户。

因此，大企业的客户群正在逐渐趋向年轻化。例如，现在流行的在线知识付费产品中，"90后"是核心用户，他们在初入职场时，学习和成长的需求很大，也喜欢接受在线培训课程。

只有将核心用户从广泛的范围缩小到目标用户，才能进一步高频使用。因此，商家应该了解自己的精准用户是谁，他们有什么需求。只有这样，才能更好地满足他们的需求，提高用户的忠诚度和满意度。

用户类型

通常，用户分为三个类型。

第一类：普通用户。理论上，需要使用产品的人，比如我的公众号读者，也有很多年轻的专业人士，他们不从事新媒体运营或品牌规划。他们只对此感兴趣，想要学习更多的专业知识和技能。

第二类：目标用户。也就是企业想要服务和获得的用户。以公众号读者为例，一方面，正在向互联网转型并需要新媒体营销/品牌策划服务的传统企业经营者是主要目标用户。另一方面，毕竟公众号是专业的自媒体，这引起了很多新媒体从业者的关注。除了自己的原创专业干货输出，也可以在文章中推荐一些好的付费课程，以满足用户学习的需求。

第三类：粉丝用户。相信在很多公众号上都有这样的用户，用户经常使用产品，非常信任，而且黏性很高，同时，他们愿意积极传播产品，这些忠实的用户就是粉丝用户。任何品牌都需要在社交媒体上找到自己的忠实用户，因为这是成功的开始。

那么，如何知道哪些用户是忠实用户呢？可以根据用户的"使用频率、强度、信任和行动"对他们进行区分，只有了解他们是谁，才能更好地设计产品需要提供的服务。而了解不同层次用户的真实需求,也为后续的产品设计和运营打下基础。

粉丝在想什么

要了解自己的粉丝,最简单的方法就是通过研究用户数据,根据其目标、行为和意见等将他们分为不同类型。同时,再从每种类型中提取典型特征,并给出名称、照片和场景等描述,以形成用户的角色原型。

1. 分析用户画像的作用

(1)可以帮助企业设计产品。制作用户画像的目的是在产品设计过程中,关注用户的行为,了解用户的需求。

(2)能够实现精准营销。广告商可以通过用户标签向其发布广告,以实现精准营销。

(3)用于行业报告。用户画像有助于企业了解行业趋势、用户偏好以及不同地区消费差异的分析。这些有价值的报告可以指导平台更好运营,并为企业提供细分领域的深入见解。

2. 用户画像的构成

用户画像的构成分为显性画像和隐性画像。

显性画像:指用户群体的视觉特征描述,如目标用户的年龄、性别、职业、地区、爱好等特征。

隐性画像:用户的深层特征描述。它包括用户的产品使用目的、用户偏好、用户需求、产品使用场景等。

制作用户画像就是描述用户群体的特征,提炼出其共同特征,给用户群体贴上标签。

3. 如何构建用户画像

用户画像是基于系统研究分析和数据统计得出的科学理论。企业应该区分哪些是核心用户,哪些是"酱油"用户。同时,用户画像并不是固定的,而是根据实际情况不断改变的。

构建用户画像通常分为三个步骤:基本数据收集、分析和建模以及纵向演示。

步骤1:基础数据收集。

数据不会说谎,数据也是构建用户配置文件的核心基础,基于数据的用户分析具有说服力。

在基本数据收集方面,可以通过构建用户画像来获取。具体思路如下:在构建用户画像时,可以根据自己需要进行相关数据过滤,比如,相关文献和研究报告、产品数据背景、问卷调查和用户访谈。

步骤2:分析和建模。

在企业收集了用户画像所需的基本数据之后,需要分析和处理这些数据,提取关键信息,并构建可视化模型,而用户画像可以通过问卷调查和用户访谈进行。

(1)问卷调查。问卷调查先要考虑的是样本的数量,然后是内容的设计,以及研究的目的。毕竟,这是一种有目的的研究实践。此外,通过问卷获得的信息不一定非常准确,但这些数据可以作为一种参考。

(2)用户访谈。在分析用户访谈信息时,可以通过关键词提取方法,提取每个用户对每个问题答案的关键词,并提炼出经常出现的关键词。

步骤3:纵向演示。

企业需要对收集到的信息进行排序、分析和分类,创建用户角色框架(更全面地反映用户的状态),然后根据产品重点进行提取,进行用户评估和分级,并根据用户规模、用户价值和使用频率进行划分,以确定主要用户、次要用户和潜在用户。

建立用户画像的目的是充分了解用户,为产品设计和运营提供有价值的参考,为运营策略服务。企业在引流之前和引流之后,都要有明确的目标方向,弄清楚要吸引哪些人,这些人有哪些需求,如何去满足这些需求等问题。

02 粉丝的心理类型

为什么要形成自己的流量池？因为流量池可以承载传播内容，用户可以找到归属感并继续使用产品。也就是说，当企业拥有了自己的粉丝群之后，可以有效降低获客成本，同时提高流量转化率。

通常来说，忠实粉丝在同一个社群中与企业经营者进行长期的互动和分享，并与企业产生共鸣。这就是企业重要的无形资产之一。

那么，怎么做才能抓住粉丝的心呢？

抓住粉丝的心

企业产品的传播能力能够提高企业的知名度，企业是否会照顾新用户并与用户互动取决于企业策略，别忘了保留零散用户，然后将他们转化为企业的忠实粉丝。

互联网引流的一个特点是社交性。企业需要付出的是时间和提高与粉丝的互动率。

如果你的产品想在网络中脱颖而出，必须拥有与其他人不同的风格，而融入他人的生活是留住粉丝的关键。你应该善于选择自己的风格,这样才能更精准地找到自己的受众。

当我们通过精心准备的内容吸引了大量用户之后,才可以开始回收内容带来的转化收入。因此,互联网引流的特点决定了内容输出先于用户付费,这就意味着我们需要在不断提升的过程中逐步发展自己的粉丝,并最终实现转化。

建立一个属于自己的流量池很容易,但保持流量池的黏性不太容易,很多企业号虽然粉丝众多,但活跃度很低,更不用说转化了。

为什么呢？最主要的原因是还没有弄明白粉丝们的想法。粉丝有不同的态度,他们在流量池中的目标和行为也不同。

粉丝的八大心理类型

如何把握粉丝的心理？一般来说,粉丝心理主要有以下八种类型,掌握这些,将为你解开其中的奥秘。

1. 鉴赏者心理

例如,一些车辆、手表和 IT 产品的爱好者熟悉其技术数据、研发背景、产品演变和历史故事,这是鉴赏家的典型表现。他们超越了普通粉丝,达到了"专家"的水平。他们自己非常重视产品体验,也可以在体验后从专业角度给出分析、评价和建议。这对新产品发布反馈具有重要意义。

2. 价值感心理

价值感心理,以在粉丝组织中的地位、经验和奖项作为其他领域价值的证明,或填补现实生活中的某项空白。这类粉丝注重产品的实际效用和成本效益,也是非常理性。他们有坚定的选择标准,坚持自己的选择。对于专注高性价比产品的企业来说,这类粉丝可以作为潜在用户加以开发。

3. 痴情者的心理

这些人之所以成为粉丝，仅仅是因为产品的外观或品牌创始人的一个小故事。他们是情绪化和非理性的消费力量。将这种类型的粉丝转化为用户很容易，但最重要的任务是靠他们来分割更多的粉丝。

4. 逆反心理

这是最重要的粉丝心理，任何行业都可以创造或使用这种心理，某著名手机就是一个典型的例子。

对于这些粉丝，可以将某个品牌作为营销中的比较对象，从功能、包装、应用场景等方面展示产品的"触目惊心"和差异化，激发这类人群的逆反心理，促使他们成为粉丝。

5. 逃离者心理

如今，人的生活压力很大，都想"逃离"日常生活，从某个明星、产品或群体中获得暂时的"自我空间"。

在营销实践中，如果企业有机会关注这个群体，就可以分析他们的需求并满足他们。除了产品，更重要的是设计一种方式来满足他们在服务方面的需求。

6. 创造者心理

在业内具有一定地位的艺术家、知名品牌的粉丝以及粉丝群体的领导者通常都有这种心态。这些粉丝具有相当强的创造力、活动性、设计性和吸引力。他们精力充沛，一旦形成成自己的粉丝，就会带来乘数效应。

7. 表演者心理

粉丝会对角色产生渴望，他们会想象"如果我扮演或制作这个产品会发生什么"，而这种体验甚至会上升为"表演"。他们的活动能力非常强，也是其他外围粉丝的驱动力。在社群营销中，经营者可以将他们作为社群的骨干,让他们在社群中扮演运维人员的角色。

8. 怀旧心理

这些粉丝比较念旧,喜欢一些怀旧的东西。企业经营者可以将品牌与他们记忆中的某一点联系起来,这种类型的粉丝一般都是比较感性的人。

满足粉丝心理的四个方法

每个人都希望能够增加自己账号的粉丝数量,让自己的产品更加受欢迎。然而,成为一名拥有千万粉丝的博主并非一朝一夕之功。如果你想赢得粉丝的喜爱,先需要研究他们喜欢看什么样的内容,以及他们在观看这些内容时的心理状态。

一般来说,能够吸引用户点击进去的内容,都是利用粉丝心理来制作的。以下是一些常见的方法。

1. 稀缺性

当用户观看短视频时,他们会更加关注未满足的需求。作为创作者,可以利用这种稀缺来制作内容。在制作短视频之前,创作者先要探索和定位自己的目标用户群体,并分析他们的喜好、需求,以便更好地满足他们的需求。

2. 好奇心

"开始时提出问题(设置悬念)+中间讲故事(融合案例+论证)+最后表达个人想法或引导互动"可以制造悬念,激发用户的兴趣和好奇心,然后继续引导他们深入了解你的内容。这样可以让他们产生继续阅读的冲动。

3. 获得感

虽然短视频平台主要用于娱乐和休闲,但许多用户都希望通过观看视频来获取"新知识"和"信息"。因此，在制作短视频时，制作者应该尽可能地提供更有用的信息、有价值的知识、实用的技能，并分享自己的意见和评论、人生感悟等，让用户感到可以从中受益。

4. 产生共鸣

对于用户来说，他们更喜欢读能引起共鸣的内容。如果企业经营者想让自己的短视频走红，必须与粉丝建立情感联系，产生共鸣。这需要企业经营者了解自己的目标用户群体，理解他们的需求和喜好，以及他们的情感需求。只有这样，才能制作出真正有吸引力的短视频，赢得用户的喜爱和支持。

当企业经营者了解这些心理之后，可以更好地接触用户，找到与他们产生共鸣点，并制作出受欢迎的短视频。

总之，如果企业经营者能够深入了解用户的心理需求，并按照这些需求去制作短视频，成功的概率会很高。

03 为粉丝制造惊喜

在推广产品时,先要具备让用户感到兴奋的基本能力。接着,应该熟悉场景、语言和行为等技巧,以吸引并留住用户。最重要的是要知道如何给粉丝制造惊喜,让他们对你的产品保持新鲜感。那么,什么是惊喜呢?

惊喜感的本质

惊喜感实际上是用户兴奋需求的一种体现。1979年,某大学教授提出了KANO(卡诺)模型,这是一个经典的评估需求模型。

KANO模型将用户需求分为三个层次:基本需求、预期需求和兴奋需求。

基本需求是指用户认为产品必须具备的属性或功能。期望导向的需求需要优秀的产品或服务,但它不是"必要的"产品属性或服务行为。企业提供的产品/服务超过用户期望的越多,客户满意度就越高。

令人兴奋的需求要求企业为用户提供完全意想不到的产品属性或行为,以使用户感到惊喜。有时候,用户对某些产品/服务并没有明确的需求。但当这些产品/服务提供给用户时，用户会表现出极大的满意度，从而提高用户的忠诚度。

由此可见，令人兴奋的需求是能够让用户感到意外并容易产生惊喜感的需求。

制作惊喜的五种方式

以微信公众号的运营为例，作为公众号，如何给用户一个惊喜？可以使用以下五种方式。

1. 推送时间

运营的小伙伴肯定听到这样的一句话："如果你每天在固定时间用公众号推送培养了用户的习惯，不要轻易改变群发的时间，因为每个人都在期待某个时间点。"偶尔我们可以不按常理出牌，比如，今天这个点打出一次惊喜，或者只推送图片。它可能会给用户带来意想不到的体验。举个例子，如果有一天你改变了推送的时间和形式，比如，以前是早上8点推送，突然有一天是凌晨推送，那么就会有很多粉丝好奇你为什么这样做，然后跑到后台留言。偶尔的例外，不仅能够激发粉丝的好奇心，还可以提高互动性。

2. 排版和布局

内容和排版对阅读量有很大影响。至于哪个更重要，这取决于用户。有些公众号排版简单，也有很高的阅读量。当然，无论内容如何，创意排版风格也可能成为公众号的 IP，可以让人们在成千上万的公众号中记住。当然，如果每天都是相同的排版风格，用户也会产生审美疲劳。此时，你可以在排版上做一些改变，增加一些新奇感。再如，有一次深夜，公众号在排版风格上做了一些改变，用户的反馈很好。

3. 内容

每个公众号在创立时都必须有自己的定位。例如，有些公众号发布的是人生感悟文章，有些公众号发布的是职场文章，还有一些公众号发布的是运营文章。

每个用户都会注意到他们关注和熟悉的公众号类型，当他们需要安慰时可以点击相应的公众号。如果有一天你想给粉丝带来惊喜，你可以通过推送不同类型的内容来打破粉丝的心理预期。

4. 辅助内容

辅助内容是文本的一部分。例如，在推文的开头插入一小段音频，并在文本底部添加员工照片。当然，声音要和图文相关，而且要事先进行相关的预热。

又如，有一些公众号经常在推文中提到公司的实习生，这让很多粉丝都非常好奇，对此议论纷纷。在粉丝讨论了一段时间，这个话题拥有了一定的热度之后，在某一次推送内容时，这个公众号就在推文中公布了实习生的照片，引起了又一次的讨论热潮。

另一种情况是在没有任何预热的情况下直接推送相应的辅助内容。当然，如果你想让用户惊喜，内容应该有特点。

再如，有一个由宝妈运营的公众号，她有一天突然发了一条语音，但语音极其甜美，听起来像个小女孩。粉丝因此感到非常惊讶。

5. 在线活动

很多公众号都在做活动，那么如何做一个超出预期的活动呢？这是必须考虑的。

举一个例子，我的朋友之前发起过明信片邮寄活动。当前，收到一张带有墨香和地域特色的明信片有点感动，我又悄悄地加上一些有特点的小食品。所有收到我明信片的朋友都同时收到了一份小食品，每个人对此都表示惊讶。

同样，也可以在公众号上组织一些活动。再举一个例子，阅读公众号可以发起一个送书活动。当然，这不仅仅是一个送书活动。你可以送给获奖用户一套彩色长尾夹、一张明信片和其他小物品，可以给他们带来意想不到的惊喜。

小积分，大惊喜

对于私域流量来说，如何给粉丝带来更多的惊喜呢？对于商家来说，在相对封闭的私域平台上，只有关注的粉丝才能看到推送的内容，或者当粉丝积极转发时，引导他人点击。

一般情况下，如果想要为公众号引流，可以去其他自媒体平台，如今日头条、知乎、微博、小红书等，同步公众号的内容，从而将其引流到公众号。这种方法比较简单，也被称为自媒体矩阵法，但它并不能引起人气的快速上升，有时只能带来少量的用户引流。

除了最简单的自媒体矩阵法，还可以通过积分商城来为粉丝带来更多的惊喜，同时实现粉丝裂变。在各种公众号用户运营方式中，一些公众号运营商会优先授予粉丝积分，以完成日常用户关系运营。除了帮助公众号运营商有效提高粉丝黏性外，公众号积分系统还可以提高粉丝的可信度和公众号品牌的声誉。在日常运营中，公众号运营商也会选择建设公众号积分店，解决积分消费问题，让积分的分配形成有效循环，从而撬动积分，最大限度提高用户活跃度。

事实上，积分的消耗是积分制实用价值的体现。例如，粉丝可以在公众号积分商城中兑换相应的礼品，这是为了让粉丝感受到积分的实际价值，而不仅仅是虚拟的存在。这样一来，粉丝们就会明白自己为什么要赚取积分，以及他们可以用赚取的积分做什么，从而让粉丝体验到积分的价值,公众号运营商也可以获得忠实粉丝,从而深度运营粉丝。

不仅如此,公众号运营商还可以根据积分制度积累公众号积分店的人气,刺激粉丝获取积分,并兑换积分。同时,通过一定的数据统计和对信用体系的研究,可以了解粉丝对商品价格、品类、性价比、功能等方面更深层次的需求。因此,可以说,信用体系在整个营销运作过程中发挥着非常重要的作用。

那么,如何玩转公众号积分商城呢?公众号运营商可以通过会员积分计划一系列的会员营销活动,如礼品兑换、抽奖、积分加钱购买、转发奖品等活动,增加积分商城的乐趣,同时大大提高用户的黏性。当然,有多种活动可供选择。

首先,在公众号积分商店中转发内容以获得会员积分。粉丝可以转发公众号积分商店中的产品、新闻和文章等内容,以获得相应数量的积分。这不仅会增加企业与用户之间的互动,也会增强品牌的传播力。

其次,是公众号积分商城的限时秒杀活动和交流营销活动。秒杀或限时交换是在一定时间内吸引用户流量的好方法。在流量高峰期,可以以秒杀的方式进行活动,最大限度地提高公众号积分商城的流量。

此外,粉丝还可以在公众号积分商店抽取积分,以获得会员奖励积分。用户可以使用会员积分领取红包。领到红包后,有效提升用户黏性,增强用户对企业的好感。

04 把陌生粉转化为忠实粉丝

把陌生粉变成忠实粉丝,并不是一件简单的事情。企业经营者需要一步一步地操作,先把陌生人变成用户,然后把用户变成老用户。那些最忠实的老用户是企业的第一批粉丝。

因此,无论是说服新用户,还是提高老用户的忠诚度,都是企业经营者应该学习的内容。无论采取哪一步,都离不开一个关键词——信任。为了建立用户对企业的信任,沟通非常重要。

信任是商业行为的基础

为什么陌生粉会购买你的产品?为什么曾经购买过你产品的用户会再次选择购买?除了产品质量和价格优势外,更重要的是,用户信任你。

如果用户不信任你,即使你的产品再好、价格再低,也会够买。老用户之所以成为老用户,是因为他们对你的信任。只有当你兑现承诺并赢得用户的信任时,他们才会愿意继续购买你的产品。

在这个过程中,你需要用自己的语言提高沟通效果。只有这样,才能进一步提升你的吸粉能力。

"陌生粉"的转化思路

对于陌生用户来说，运营商通常感到很无奈。如果内容定位与人群不匹配，长期来看，非目标用户总会流失。下面是一个简单的陌生粉操作思路。

妥善保存内容：持续强化内容质量，并筛选出陌生粉中的目标用户以留存。通常在活动结束后，可以推送活动回顾、总结、网友评论等相关文章，以降低陌生粉丝流失率，然后逐步转向内容策划。

尽快利用流量值：建议对这类陌生粉的用户标签进行适当标记。如果从后台数据可以看出，人群和内容定位不匹配，没有长期运营价值，就没必要保留；最好通过广告定向推送或相互推送替代，将流量直接转化为经济价值。

在新媒体行业中，"陌生粉"指的是黏性低的用户。他们可能只知道一家企业，关注该企业的微信公众号，转发企业活动，甚至只阅读该企业的一篇文章。

陌生粉可以帮助提高企业的品牌知名度，但不能产生实际的运营价值。有效的运营价值来自深度接触的用户，也称为忠实粉丝。深度接触的用户不仅会关注企业账号或浏览企业文章，还会加入企业社群，参与企业活动，推荐朋友关注企业账号，或邀请朋友下载企业软件。

获取新用户的成本通常高于保留旧用户的成本。因此，新媒体运营商必须提高用户活跃度，降低用户流失率，并将陌生粉变成忠实粉丝。

"路转粉"的五个策略

将路人转化为忠实粉丝，常用的策略有九种，分别为内容、活动、资源、社群、功能、积分、奖励、输入和提醒。下面主要介绍其中的五种策略。

(1)内容是促进用户参与最佳的方式。好的内容可以引导用户从"看内容"到"期待内容"形成一种积累。通过提供高质量的内容，可以增加用户的参与度，而不是强制用户参与。

(2)活动运营商可以定期规划和组织企业的新媒体活动，通过创意活动吸引用户参与，提高用户的活跃度。

(3)资源运营商可以在一些新媒体平台上放置学习资料、工作文件和其他资源，并引导用户下载和使用这些资源。

(4)新媒体运营商可以尝试建立用户社群。随着新媒体产品的不断涌现，即使新媒体运营商每天推送有价值的内容，用户对企业的热情也可能会随着关注时间的增加而逐渐减弱。因此，新媒体运营商可以尝试建立用户社群，用温暖的情感将企业与用户之间的关系变得更有黏性。

(5)不同互联网产品的使用频率存在差异。有些产品是高频产品，例如，微信、QQ和微博等，用户会多次打开；其他产品则是低频产品，只在特定场景下使用，例如，美团外卖等。为了提高用户的活跃度，用户可以尝试添加高频功能，以增加用户的在线持续时间。例如，智联招聘是一家人力资源服务机构，其手机软件"智联招聘"的主要功能是求职、投递简历等。对于大多数职场人士来说，工作变动只是阶段性的。当用户找到合适的工作后，打开智联招聘软件的频率会大大降低。为了提高软件的用户活跃度，除了基本的低频功能外，智联招聘还增加了"智联秘书""发现""行业问答"等功能，并每天推送与职场相关的文章。

05 让粉丝引流

在流量时代,企业经营者需要遵循用户的思考方式。只有当企业拥有足够的粉丝数量时,才会有消费者购买产品或服务。因此,企业需要不断引流和实现交易,拥有一个庞大的粉丝群体对企业非常重要。通过自己的粉丝进行裂变是一种有效的引流方法。常用的裂变方式包括红包裂变、奖品裂变、影视会员裂变等。

红包裂变之分享获利

企业可以通过给粉丝发红包来进行裂变,这种方式已经成为一种"老套路",许多企业公众号的第一批粉丝就是通过这种方式积累的。

然而,在策划红包裂变活动时,企业需要仔细计划每个粉丝的裂变成本。此外,还需要邀请几个忠实的粉丝来活跃气氛,并号召更多的人参与活动。

进行粉丝裂变之前最好先进行小规模测试,找出可能会出现的问题,并准备解决方案。只有这样,才能在大规模实施裂变活动时避免遇到突发状况而束手无策。

奖励裂变之给奖品

奖励裂变和红包裂变类似,只是把奖品换成了实物。这种裂变方式特别适合微信平台,企业可以将自己的产品作为奖品。这种方法的优点在于可以通过将陌生用户转化为粉丝,并将产品作为奖品赠送用户,让对方了解企业的产品,获得对方的好感,促进进行交易,可谓是一举多得。

一般来说,奖励裂变的活动规则是要求粉丝邀请朋友加入企业的团体,为了获得奖品,粉丝会积极地将活动转发到朋友圈。这种裂变方式的关键在于在裂变过程中不断宣传奖品的价值,让粉丝知道奖品的重要性,从而激励他们邀请更多的人参加活动。

影视会员裂变之大众需求

通过影视会员进行裂变也是一种常用的引流方式。这种方式非常适合喜欢看电影和电视剧的人,特别是女性。如果使用影视会员裂变,通常可以吸引很多女性粉丝。因为女性的购物能力往往比男性强,所以实现商业化也会更容易。不过,在使用影视会员裂变时,需要准备一份优秀的文案来吸引用户。这种方式不需要拥有太多基础粉丝,因为现在很多人都在寻找免费的影视会员渠道,所以这种方式分裂的粉丝质量很高。建议商家给这些粉丝贴上标签,并建立独立的社群,以便后续管理和转化。

如果想从互联网获利,必须学会通过粉丝来实现裂变。虽然一开始可能不容易操作,但只要坚持下去,肯定会获得很大的收益。

第六章 06

突破流量困局

打破旧的游戏规则的前提是学会突破。要想有所突破，必须先找到发展趋势，即使你再努力，如果方向错了，一切都是徒劳的。只有找到正确的方向，才有可能找到新机遇。

　　如今，线上和线下之间的界限越来越模糊。无论是流量渠道还是流量分配，一些都已经回归到线下。因此，完全有可能打破这条"线"，尤其是随着移动互联网和物联网的成熟，催生了许多新的流量业态，进一步促进了线上和线下流量的融合。

　　如果你趁机创造条件，完全可以提前入场。

01 获取流量的前奏

在流量时代,企业应该如何打破局面?

移动互联网的出现改变了过去的引流方式,流量获取正处于发展新阶段。最早的引流门户网站是以新浪和网易为代表,然后是以百度等为代表的搜索引擎,现在是各种移动和互联网平台。但是,仅仅通过这些平台引流并不能保证成交率。只有将流量转化为用户,才有实际意义。

可转化的流量,才有价值

在移动互联网时代,真正的产品和商业模式的成功往往归功于流量的获取。例如,尽管类似"拼多多"的大平台都会有差评,但并未影响它们在短短几年内实现用户和总销售额的快速增长。

"拼多多"成功的原因不仅是提高品牌曝光率和通过赞助各种综艺节目,还有发布各种广告等。但是,很多人将"拼多多"成功的主要原因归为独家获得海量、活跃、可靠且高度转化的微信流量支持。

转化率这个概念大家都很熟悉。简而言之,转化率=有效用户或客户数量/总流量。以某运动品牌为例,购买球衣的球迷数量高于球队的球迷总数。可以说,转化率和流量是一体的两面,最终决定了流量对业务的作用或效果。

由此可见,企业获取海量流量的意义在于能够将它们转化为成交量。如果企业获取的流量不能转化为成交量,最终是没有意义的。

引流的主要赛道

不同渠道获取流量的方法有所不同。一般来说,比较常用的流量渠道包括搜索、社交产品和电子商务等。

1. 搜索类

搜索流量获取通常包括付费购买关键词和免费 SEO。当然,免费 SEO 也与付费购买关键词相关,因为如果你没有能力解决 SEO 技术方案,需要付费购买,那就不能说是免费的。在移动互联网时代,业务与网页分离,更多地整合到独立 App 中。相应的 SEO 优化变成 ASO(应用商店优化)优化,但它仍然是一种基于搜索的流量获取技术。当然,近些年微信和众多国内手机硬件厂商联盟推动的"快速应用"似乎推动了"去 App"的趋势。我们也可以关注它是否会在搜索业务或技术上带来相应的变化。

2. 社交媒体

由于社交媒体的特殊性,社交产品在流量输出方面往往受到限制。也就是说,与搜索引擎引流相比,产品功能并不能那么直接地展现在用户面前,而只能通过内容传播或活动营销等形式进行间接商业宣传。不过,企业可以通过社交媒体的一些附加功能,比如,微信的公众号、支付宝的服务功能等,间接地将流量嫁接到企业的商业私域。

3. 电商

与社交类相比，电商类的平台引流虽然门槛很低，但竞争更为激烈，同时，也不一定是对业务有直接需求的流量。比如，淘宝平台，虽然有些企业的流量很大，但是由于竞争激烈，消费者进入店铺之后，并不一定会购买商品。若要提高电商渠道的流量，需要通过提高产品的质量，或设置竞争力的价格等，形成自己独特的竞争力。

有渠道，却流量受阻

在付费流量流行的当下，商业模式的形成使得流量的需求方不得不付出更高的成本来获得流量。

如果企业成本达到一定门槛，破坏了流量需求方的商业模式或业务模式，那么业务的有序发展必然会出现问题。特别是在"先免费、后收费、基本功能免费、其他功能收费"的互联网发展下，如何启动流量是企业经营者解决的首要问题。

当然，企业可以通过自己的能力或实力进行 SEO 或 ASO 优化，比直接购买流量便宜。说白了，SEO 和 ASO 的优化旨在借助系统设置，吸引平台的流量。换言之，只要企业能够"破译"不同平台的引流规则，就可以以最低的成本，甚至是"免费"的方式来达到付费引流的效果。

02　寻找流量企业的优势

在新社交零售渠道中,许多传统企业可以很好地与新社交零售战略相融合。如果企业能够最大限度地发挥自己的优势,可以从原始渠道获得更多的引流方法。

传统企业的优势仍然非常明显。例如,传统企业能够很好地控制产品或服务的质量。对于消费者而言,产品质量永远是第一位的。无论你在广告上花了多少钱,多么努力地进行营销,如果产品质量不过关,消费者就不可能发展成为企业的忠实用户。

为了更轻松地获取流量,企业需要进一步寻找和发挥自己的优势。

企业的优势

许多人可能不知道,传统企业本身就具有多重优势。如果传统企业能够借助这些优势,做好互联网营销,并引爆产品,一定能够持续得到消费者的关注,消费者也会很容易记住企业品牌。从这一层方面来说,传统企业在互联网卖货,不仅不会输给互联网企业,而且会进一步发挥自身的优势。

为什么呢？因为传统企业的优势是许多互联网企业所不具备的，具体体现在以下四个方面：

1. 供应链的研发和生产优势

传统企业研发和生产在供应链中具有独特优势，能够很好地控制产品和服务的质量，这是许多互联网企业所不具备的。传统企业借助一套成熟的供应服务链，在互联网直销，由于减少了中间差价，可以更低的价格销售，也可以第一时间研发出消费者最需要的产品。而那些层层分销的企业，由于没有自己的供应链和研发团队，无法在最短的时间之内，以最低的价格满足消费者的需求。

2. 传统企业的品牌优势

在选择产品时，你会毫不犹豫地选择一个你从未听说过的线上新品牌，还是一个线下老品牌？相信大多数人都会选择老品牌。因此，当一个拥有线下客户群的知名品牌，在网上进行销售，就能够大大降低消费者的信任成本。

这就是传统企业的品牌优势。

同时，借助企业品牌原有的力量，可以迅速在网络上聚集一批忠实的消费者群体，他们不会太在意你的产品价格。一旦获得消费者的认可，购买转化率将大幅提升，同时可以减少宣传成本。这就是为什么这么多互联网企业想要制造自己品牌的产品原因，因为它们像消费者一样坚信品牌的力量。

3. 可以更好地满足用户需求

传统企业有自己的工厂、车间和生产线，可以控制整个产品的生产、质量和库存。互联网企业无法达到这些要求，只能找一些代工企业。现在，互联网产品竞争非常激烈，为了从众多竞争对手中脱颖而出，除了强大的营销能力外，更重要的是做好产品。而回归销售的本质，消费者只需要一款能够满足他们需求的产品，而不是那些包装豪华的产品。

举个例子，抖音上有一家卖雨伞的企业，老板以简单的带货方式走红了网络，每一个视频，都是他拿着一款雨伞，通过甩、摔、喷水等形式，来说明雨伞的坚固耐用以及防水。最主要的是，他能够在第一时间响应评论区的消费需求，以最快的速度生产出用户评论里提出的产品，比如，有人想要一把古典的雨伞，下一个视频马上就生产好并展示出来；有人想要纯色的雨伞，立即生产出了一批各种颜色的纯色雨伞。这就是传统企业，在互联网引流的优势下，借助自身的资源，可以以最快的速度响应并满足消费者的需求。

4. 服务优势

特别是售后问题，以某女装品牌为例，最初这家女装老板在淘宝上开设了一家店铺，货源来自当地批发市场。可在短短三个月内，这家店铺就宣布倒闭。

为什么呢？做过服装的朋友都知道，女装的退货率是很高的。这家店铺大约20%的售后退款将根据每天的销售额进行处理，可货源不受自己控制。所以，每次处理客户的退货时，都需要经过当地批发市场，而多一个流程，就会延长售后处理时间。而自销自产的传统企业，就拥有了这些互联网公司无法拥有的优势，前店后厂的模式用户体验更好。

企业的核心能力

许多人总是从品牌和品类的角度来谈论产品销量。在这里，我们想从零售门店的性质进行分析，并与传统行业的朋友进行讨论和交流。

传统企业的核心能力主要有以下几点：

（1）传统企业已经积累了一定数量的用户，并且能够持续吸引新用户,这是不断产生新用户的关键。

（2）传统专门店和专业店提供的服务和体验是线上门店无法替代的。因为线下门店有其特定的消费者群体,并且能够提供更加深入和个性化的体验和服务。

（3）作为传统企业,一般具有六个重要的制造流程优势——用户多、数据多、商品多、活动多、导购多、品牌强。这些优势使得传统企业在生产、销售和营销等方面具有更强的竞争力。

发挥企业的优势和能力

近年来,整个商业业态发生了颠覆性的变化。如果你想抓住传统企业的未来机遇,需要思考三个关键词。

第一个关键词:资产。

现在,作为一家商店经营者,你最大的资产是什么？是货物,还是销售运作？都不是,是用户！现在,用户是零售商的主要资产。尤其是在供过于求、商品需求不旺的当下,谁更接近消费者,谁就更有发言权。因此,企业经营者的管理思路应该从业务管理转向用户管理。

第二个关键字:用户互动。

企业缺少用户吗？企业的门店并不缺少用户,而是缺少用户互动。与用户的交互是核心,一个用户可以产生 N 倍的流量。就拿现在非常流行的小红书的描述来说,种草和拔草。什么是种草？每次交互都是一次连续拔草,然后增加后续拔草(交易)的概率。把小红书想象成一个购买场景,可以发现,母婴店靠的不是网站,也不是用户,而是用户交互的能力,也就是产生流量的能力。

第三个关键词:流量。

小红书、抖音为什么这么火？因为这些平台在创造互动,不断创造新流量，而不是购买和消费流量。如何判断外部品类进入门店是否合适？你应该考虑是消耗你的流量还是帮助你创造新流量。从互联网发展来看，仅仅引流是远远不够的，而且逐渐变得无用。如果零售店想要创造新的增长量，必须能够创造新流量。这意味着核心运营能力需要能够创建用户画像、场景和内容。

如前所述，零售店有六大优势——更多的用户、更多的数据、更多的商品、更多的活动、更多的导购和强大的品牌。这正是流量生成的传统优势。通过安排和组合各种因素，就能创造出无数新的肖像、新的场景和新的内容。此前传统的线下门店粗放式经营，远未达到精准经营。例如，作为商店用户画像之一，我们可以根据年度消费总额将用户划为商店的VIP用户。然而，这样的画像可能会忽略只购买过一次高价商品的用户，他有消费能力，但尚未被完全识别，因为商店没有与他再次匹配的产品，也不再与商店有任何互动而产生新的流量。

因此，未来传统线下门店还有很多增长点。企业经营者应该思考并尝试让店铺从一个展示店变成一个充满新场景、新内容，与新老用户持续互动的店铺，成为一个流量卖场。

03　从线下到线上，实体店到网络

当前，人们的日常购物行为主要发生在线上，导致了线下和线上的差距变得越来越模糊。

为了解决这种模糊性，我们需要"赋能"原本落后的线下实体。通过赋能，可以精准地识别线下流量，并成为这一突破的关键力量。换句话说，通过赋能，线下流量也可以具备线上流量的优势，这意味着从线下到线上的流量运营重心已经具备了"回归"的条件。流量中心、流量通道和流量分布开始回归到线下。最终，在某个阶段，流量运营将彻底打破这条"线"。

鉴于这种变化，企业经营者需要从新的角度和方法来理解和思考流量的新业态：融合线上线下的资源，将流量从线下引导到线上。这意味着需要通过整合线上线下的资源，创造更多的线下流量，并将其转化为线上流量。这需要企业经营者重新思考流量运营的策略和方法，以适应这种新的业态。

科技带来无限可能

最近几年,互联网技术得到了巨大的发展,特别是移动技术的突破,打破了人们在使用互联网时的空间和时间限制。互联网流量不断增加,线上市场的潜力也在不断变大。如果企业能够抓住这一变化趋势,就能够通过互联网技术轻松扩大业务范围并提高运营效率。

企业可以通过以下几点来实现上述目标:

1. 发展智能手机应用和移动互联网平台

随着智能手机和移动互联网的普及,人们的购物习惯发生了改变。如今,通过各种购物应用软件,人们可以轻松购买所需物品,并通过应用软件进行支付。甚至出行也可以通过扫乘车码小程序进站。可以说,人们的日常衣食住行都离不开各种应用软件了。企业可以抓住消费者对手机和互联网的依赖,紧跟时代潮流,开发能够满足消费者需求的手机应用程序和移动端网站。

应用大数据和人工智能技术,随着大数据和人工智能技术的发展,企业可以获取消费者的许多数据和行为信息,并利用这些信息进行精准营销、个性化推荐和智能客服等,提高线上运营的效果。

2. 利用电商商务平台建立线上商店

随着互联网的发展,人们的购物方式发生了改变。线上商店由于无须支付实体店铺租金等支出,商品价格较有竞争力。因此,发展电商商务平台是企业的一个选择。企业可以利用电商商务平台建立自己的线上商店,以便更好地吸引和服务消费者。

3. 借助物联网和智能物流提高运营效率

传统企业的供应链和物流效率相对较低。企业可以利用当前发展的物联网和智能物流技术优化供应链管理和物流配送,提高运营效率。

随着VR(虚拟现实)和AR(增强现实)技术的发展,企业在展示商品时拥有更多的选择。企业可以利用这些技术为消费者提供更丰富的线上购物体验,从而提高客户满意度。

此外,云计算和分布式技术的应用也在不断发展。企业可以灵活应用这些技术,从而降低运营成本。

发展空间更广阔

随着科技的发展,人们在使用互联网时已经打破了时间和空间的限制,商业活动也越来越自由。过去,线上和线下的界限很清晰,线上商家和线下门店相互独立,两者的流量互不相通。现在,线上和线下的界限越来越模糊,主要体现在以下五个方面:

1. 打破了地域限制

相较于传统实体店,线上空间不受地理位置的限制,企业能够随时随地与世界各地的用户联系。例如,农产品直播带货,人们无论身处何地,都能通过实时互动与果农建立联系,并通过链接购买远在大山深处的产品。同时,通过这种"面对面"的带货形式,能够极大地提高产品知名度和市场份额。

2. 用户群体覆盖面更广

由于线上运营不受时间和空间的限制,能够覆盖更广泛的用户群体,包括各年龄段、不同地区和消费能力的人群。这样,企业可以根据不同消费群体的消费特点和需求,为他们提供更多样化和个性化的产品和服务。

3. 响应服务和市场更迅速

传统线下购物的一个问题是售后服务,如果购买的产品出现质量问题,需要返回门店进行更换。而在线上购物,一般的电商平台都提供退换货服务,并提供上门回收产品的专人服务。此外,线下门店需要等待一段时间才能了解市场反馈和需求,而在线上空间,通过与消费者的互动,企业能够更快捕捉市场变化和消费者需求,并及时调整产品和营销策略,提高竞争力。

4. 社交媒体的巨大影响力

在互联网时代,信息传播速度快,信息发酵的影响力巨大,甚至可以让一件商品在短时间内走红。因此,企业可以充分利用社交媒体的影响力,提高品牌知名度,吸引更多潜在用户。

5. 跨行业合作和创新效率

在互联网时代,边界变得模糊,跨行业合作的机会越来越多。企业可以与其他领域的企业合作,也可以开发跨行业的产品和服务,实现产业链整合,提高运营效率。

除此之外,从线上到线下,不仅有更广阔的发展空间,更重要的是线上和线下流量的融合能够为企业带来更高的价值。

融合的流量更有价值

线上和线下流量的融合已经成为一种趋势。对于追求营销效果的零售业来说,将线上和线下流量融合到新模式中已经成为发展方向。未来还会有更多的行业将线上线下流量进行融合。

为什么这么说呢?首先,相较于传统的线下营销方式,线上运营可以更好地实现精准营销。举个例子,以前在实体店购物时,商家无法统计每个用户购买每种商品的数量,也无法分析出用户的购物喜好。但是,随着大数据和人工智能的发展,商家可以通过后台统计系统轻松地获取消费者的浏览记录、购物历史和喜好等数据。这样一来,可以为不同的消费者推送符合他们喜好的商品和服务。同时,这些数据也可以为线下门店的商品陈列提供参考。这样不仅可以提高广告效果，还能大幅降低营销成本，增加销售额。

同时，这些数据也可以帮助企业更好地优化产品和服务，以及预测市场趋势，为未来的产品开发和营销策略制定提供参考。

此外，在线上，企业营销的途径多，比如，社交媒体、搜索引擎、电商平台等，而这些平台之间也可以互相引流，企业可以将这些渠道的流量进行有效融合，提高品牌曝光度，吸引更多潜在用户。同时，不同的平台也有不同的互动方式，可以为用户提供更丰富的互动交流，如社交媒体评论、问答、直播等。企业可以根据不同平台的特点和用户的喜好设置互动方式。

线下门店要提高用户体验需要付出大量的人力和物力，而线上运营轻松很多。网页的界面设计可以套用免费的模板；支付时也可以为消费者提供微信、支付宝等多种便捷的方式；依托发达的物联网和物流系统，可以为消费者提供快速的送货服务。这些极大地提高消费者的购物体验，有助于提高消费者的转化率，从而提高企业的收入。

此外，在广告营销中，线下的广告也可以为线上门店带来流量。例如，在整个户外广告市场中，电梯广告受到的关注度可以说是最高的。在移动互联网碎片化的时代，消费者的注意力分散了，而电梯提供的封闭空间自然成为吸引消费者的最佳选择。

虽然电梯的空间很小，但其隐藏的营销价值非常大。在线下广告中，电梯广告是一个具有高流量的价值洼地。近年来，许多品牌投放电梯广告，这说明了电梯广告作为线下流量池的价值。

当企业的品牌在线下"被看见"之后，消费者就会扫码关注这个品牌，从而将线下的流量引流到线上。

因此，融合线上线下流量并相互支持，才能发挥企业的最大价值。

04 常见的引流方法

在过去,互联网流量被视为一种宝贵的资源,因为它可以转化为资金。当时,刚开始普及互联网,用户数量不断增长,不用担心流量问题。

然而,如今市场已经饱和,流量的增长非常缓慢。对于大平台来说,关键不在于如何继续增加流量,而是如何满足现有用户需求,并高效地转化这些用户。

尽管如此,对于那些刚刚开始创业的互联网从业者来说,流量仍然是一种重要的资产,他们需要有效地引流和营销。

不过,与几年前相比,现在的流量获取变得更加困难。下面将探讨一些低成本的流量创造和引流方法。

流量去哪儿了

目前,企业的平均获客成本在200~800元。传统的粗放运营模式已经无法支撑企业持续增长的需求。全领域营销已成为企业数字化的重要议题。通过低成本引流来吸引现有用户并提高业务水平,已经成为企业首要的选择。

线上消费是趋势,线下流量不足,商家缺乏到店流量。在线流量也变得越来越昂贵,传统电商平台等红利逐渐减少,平台商家面临着许多痛点。

此外,随着信息越来越多,消费者的注意力也越来越分散,吸引消费者的注意力变得更加困难。

连接线上和线下的流量、连接公域领域和私域领域之间的流量不仅可以降低在线获客成本,还能增加流量并提高转化率。企业还需要在全球范围内进行流量布局,因为用户在哪里,企业的流量就应该转向哪里。现在,企业与用户的联系点越来越多。同时,基于内容的直播平台的出现为企业提供了更多元化的销售渠道。

如果企业不进入公域、不进行全面接触,将错失重要的曝光机会。如果没有公域平台上的互动和接触,等待用户到来,将陷入非常被动的状态。

低成本引流的方法

不是所有企业都拥有充足的财力和资源,而在自媒体时代,个人或中小企业拥有的发展空间非常广阔,社会给予的机会也是无限的。一般来说,现在低成本引流的方法有以下两种:

1. 生产高质量内容

企业需要制作图形、视频、直播和其他与企业、产品、优惠等相关的内容,这些内容可以引起用户互动。

2. 提高曝光度

企业需要生产高质量的内容,并在公域最大化曝光和引流。例如,在自媒体、短视频、电子商务等各种公域流量池中免费曝光,以及适当购买付费流量。通过好友裂变、用户分享等方式,在员工、用户等的私域流量池中曝光传播。此外，通过门店广告、门店布局、门店员工等线下平台也可以提高曝光度。善于利用搭建的平台，如小程序、企业微信、社群、朋友圈、公众号等，可以提高用户留存率和转化率，及时将吸引到的流量保留到专用域，并将流量转化为保留量。

企业标配：视频号＋企业微信＋小程序。

有人说，视频号是短视频的最后机会。的确，自推出以来，视频号已成为腾讯的新宠。以下是视频号在微信生态系统中的三个基本功能：

（1）视频直播：作为获取流量和促进短期高效转化的渠道，它也是第一个与公域用户实现破冰的站点。通过视频直播，企业可以与观众进行实时互动，提高品牌曝光度和用户参与度。

（2）企业微信（社群）：作为沉淀私域用户、增加复购和用户价值的领域。企业微信可以帮助企业创建自己的社群，与用户建立更紧密的联系，并提供更好的售后服务。

（3）商城小程序：小程序能够起到转换交易和售后服务的作用，例如，您可以打开独家商城小部件和视频商店来进行交易。商城小程序可以帮助企业快速建立线上销售渠道，提高销售额和用户满意度。

综上所述，以上三项是未来在微信生态系统中开展业务的"三件套"，目的是与用户建立信任关系，这对曝光、引流和转化至关重要。无论哪个行业，最主要的是用户流竞争。如果没有引流，没有客流池，没有线上运营，只是被动地等待用户上门，企业做不久。

企业微信是帮助实体店和企业创建私域的最佳工具。因为微信容易被封号，管理成本高、效率低。而企业微信在内容创作上，却更为自由，可以直接沟通，一步到位为用户服务，并拥有企业品牌背书和更高的信任度。

传统企业引流方法

1. 企业微信

通过将个人或团体转移到企业微信,企业能用统一和规范的方式运营。同时,企业也有双重保险,可以做好准备。

2. 老用户新裂变引流

企业微信可以轻松发布红包、任务和裂变活动,让老用户裂变分享,获取更精准的用户。

3. 批量自动添加好友

可以批量导入自有用户列表或微信群,自动邀请好友,轻松高效地实现增长。

05　创新企业经营平台模式

对于许多传统企业而言，价值链过长和行业竞争激烈。过于强调标准化，难以满足消费者的个性化需求。此外，产品同质化严重，缺乏独特性，无法让消费者记住品牌，导致品牌知名度低下。这些都是传统企业致命的缺点。企业经营者需要进一步了解这些痛点，以避免被时代和市场所淘汰。

首先，传统企业的价值链布局是一大痛点。传统企业的产业价值链往往比较分散，协同和整合能力较弱。这会导致企业的资源和价值无法发挥最大的效能和效率，极大地降低企业的竞争力。

其次，传统企业在供应链管理方面存在不足。特别是在互联网科技快速发展的当下，很多传统企业仍在使用旧库存管理系统。这些系统功能单一、操作复杂，不仅会导致物流效率低下，还可能导致企业成本增加，进而影响产品的价格竞争力。传统企业仍在遵循老一套的投入产出比例，无法合理分配研发、设计、生产和营销等方面的资源。例如，一些传统的实业型企业没有在研发和设计上投入足够的资金，导致产品种类无法跟上市场需求等问题。这种投入产出比例失衡不仅会降低企业的竞争力,而且无法帮助企业实现最佳的价值链布局。

再次,许多传统企业的创新能力非常有限,如技术研发能力弱、新产品开发速度慢等。这使得它们在应对市场变化和满足消费者需求方面处于劣势。

最后,传统企业在持续竞争力方面存在痛点。传统企业的组织架构往往过于僵化,做出决策或决定需要层层申请和审批,限制了企业的创新能力和对市场变化的敏锐度。

管理方式的僵化也会导致传统企业在技术更新方面落后于创新型企业。在互联网流量时代,科技发展更迭非常快。谁能最快地将新的技术应用到产品中,谁就能拥有强大的竞争力。然而,大部分传统企业显然跟不上新型企业的步伐。

此外,许多传统企业仍然沿用过去的营销手段,导致品牌知名度无法在年轻一代消费者中得到提高。这使得企业在吸引新用户和拓展市场等方面面临挑战。

更重要的是,传统企业的人才流失比较普遍。同时,这些企业也没有实行一套有效的人才引进和管理制度,缺乏新兴领域的专业人才。这可能会影响企业在技术创新、市场拓展等方面的能力。

实际上,很多企业没有意识到,企业本身是一个平台。把企业当成平台来运营不仅能够帮助企业缩短价值链,还可以通过塑造品牌个性和特点,让企业"出圈",让用户记住品牌。此外,还可以促进跨界合作来提升品牌知名度。

缩短价值链

过去,传统产业的价值链都是相互联系的,具有漫长的上下游架构。然而，这种过长的价值链会导致信息传递效率低下。随着价值链的延长，信息在传递过程中可能出现延迟、失真或丢失，这可能会导致企业经营者在决策方面出现错误。

例如，当企业生产某件产品需要从多个地方购买材料时，如果供应链过长，就会存在信息差，从而导致生产计划和物流安排方面出现误差。此外，由于涉及的合作方太多，企业需要花费大量精力协调各方，可能导致运营成本增加。

另外，价值链过长也会导致各个生产和物流步骤之间的协同难度增大。以服装品牌为例，在生产的过程中，需要与多个面料供应商、生产工厂、物流公司以及销售渠道协同合作。这就需要投入大量人力和物力去平衡和管理，从而可能增加企业的运营成本。

随着价值链的延长，企业的监管成本、风险也会提高，这一点在食品行业表现得尤为明显。

例如，许多食品企业通常会从一些发展中国家采购原材料，并在当地建立加工厂。加工完成后，再将产品运回本国进行销售。然而，这种做法也给这些企业的监管带来了很大的难度。因为距离较远，监管难度加大，而当地的食品安全监管标准也不相同，这就增加了风险。

那么，传统企业如何缩短价值链呢？实际上，企业可以通过平台转型，利用平台商业模式的价值链发挥企业优势，以下是几个具体的做法：

1. 改变价值创造方式

传统企业的价值链通常是"线性价值链"，即从原材料采购、生产、销售到消费者的过程，在此过程中，跨步骤之间缺乏互动和交流。而平台商业模式则通过搭建平台，连接各个参与方，让供应商、消费者、合作方等同时实现交流。这样，就能够大大缩短企业开发新产品的时间，提高消费者的信任度。

2. 改进业务模式

传统企业的核心在于生产和销售,而平台商业模式只是将企业作为一个链接多个参与者的平台,参与者可以通过这个平台互换资源、共享信息和合作。

3. 拓展获益渠道

传统企业靠产品或服务获益,而在平台商业模式下,企业获益的渠道被拓展了。除了商品和服务的获益外,平台的使用费、广告费、交易佣金、数据分析等都是企业的获益渠道。

4. 利用网络效应

传统企业想要提高规模效应,通常只能依靠扩大生产和销售规模。但这需要一定的时间。而平台商业模式可以在很短的时间内聚集大量用户和合作伙伴,帮助企业快速实现规模扩张。

5. 发挥竞争优势

传统企业在互联网时代想要提高竞争优势,只能依靠产品质量积累口碑。仅依靠产品质量来提高知名度需要较长的时间。在平台商业模式下,可以通过增加平台规模和利用网络效应来提高市场知名度。

此外,传统企业的创新能力往往局限于产品和服务的开发,而平台商业模式可以通过整合各种资源,比如,人才、技术、资金等,来实现创新,从而提升整个平台的竞争力。

总体来说,把企业发展成一个平台,不仅可以连接各种资源为己所用,也可以为企业开辟更多的获益途径。举几个比较常见的案例:

某知名的民宿短租公寓预订平台,其优势在于拥有民宿、短租、酒店、公寓、客栈资源以及用户群体。它不仅可以收取资源方的入驻费用,还可以通过为用户提供保险、评价系统等服务来获益,同时确保交易的安全和用户体验。

而购物平台京东的优势在于庞大的商品种类和用户群。其最大的优势在于便利的仓储和配送物流服务。购物平台淘宝也一样，不仅有丰富的商品和服务资源，其优势还在于巨大的市场规模和网络效应，以及便捷的支付系统。

另外，我们最常使用的微信作为一个社交平台，最大的优势是建立了"朋友圈"，让每一个普通用户都能够通过它与亲友以及熟悉的商家进行互动。这个平台的高黏性无可替代。此外，微信还通过打造小程序、支付功能等业务，形成了一个新的生态系统，渗透进用户日常活动的各方面。

塑造品牌的特点

企业转型为平台后，要想快速打造出品牌知名度，需要塑造品牌的特点，才能在竞争日益激烈的市场中脱颖而出，让消费者在众多竞争对手中快速记住品牌。

具体来说，要做到以下几点：

首先，为了让消费者看见并记住品牌，需要打造品牌的独特"个性"。现在消费者的选择非常多，如果品牌没有自己的特点，即使产品质量再好，也会被淘汰。因此，企业需要给品牌塑造出独特的"个性"，让消费者经常能够看到这个品牌，从而产生认同感和依赖性。

其次，强化品牌价值是打造品牌知名度的重要手段之一。品牌的个性和特点是品牌价值的重要组成部分。通过打造独特的品牌形象、提升品牌知名度、美誉度和影响力，可以让消费者记住品牌。

再次，企业可以通过传递品牌理念来吸引消费者。例如，通过塑造具有代表性的品牌形象或特定的广告向消费者传递积极的品牌理念，从而赢得消费者的信任。

一个具有鲜明特点的品牌，像一个拥有个性的人一样，人们往往更愿意关注和喜欢有情感共鸣的品牌，而不是冷冰冰的品牌。因此，将品牌拟人化可以更容易地引起消费者的情感认同，并引发他们的关注和讨论。因此，塑造品牌形象并不是一项无用功，而是能够拉近企业和消费者距离、扩大市场影响力。

在做好以上几点之后，企业还需要提高产品的差异化，以获得消费者的认可。如果企业在为消费者提供功能和性能差异化产品方面做得不够好，很容易被其他同类产品替代。因此，除了要塑造鲜明的品牌特点外，企业还应该开发具有独特优势的产品。

促进跨界合作

当然，每个个体的资源都是有限的。因此，企业可以通过促进跨界合作来促进自身发展。那么，跨界合作对传统企业有什么好处呢？主要有以下几点。

首先，跨界合作能够实现资源共享。现在很多传统企业发展的阻碍就是缺乏技术、人才和市场等方面的资源。通过与其他领域的企业共享这些资源，可以降低企业的运营成本，提高企业的竞争力。

其次，跨界合作也可以给传统企业发展注入新思路和方法。这种创新驱动可以帮助企业更好地应对市场变化和竞争压力，为企业发展提供源源不断的动力。

再次，传统企业一般都独守某一个领域多年。虽然在原来的领域扎根时间长了，有了自己的资源和市场，但同时也限制了企业前进的脚步。而要进入新领域又需要花时间建立新市场。但是跨界合作可以让不同的企业实现资源互换，让企业快速获得新市场资源，拓展业务范围，从而提升企业的市场份额。

通过与其他领域知名企业合作，可以带来品牌效应的叠加。企业不仅可以提高自身品牌的知名度，也可以通过消费者对其他品牌的信任和忠诚度来提高自己品牌的信赖。

不仅如此，跨界合作还可以帮助企业将风险分散到多个领域和项目上，降低企业因市场浮动或单一业务受挫而面临的风险。

不仅传统企业需要互相成就，一些知名品牌也经常举办跨界合作活动。例如，青岛啤酒和乐乐茶的国潮风格跨界营销，让人想起多年前娃哈哈推出的跨界产品"啤儿茶爽"，利用年轻人独特的记忆符号将产品的用户群体表达得非常清晰。

这两个品牌都是在各自领域中比较知名的品牌，拥有自己的忠实粉丝。这种跨界活动不仅会吸引青岛啤酒的粉丝购买乐乐茶的产品，也会提高乐乐茶用户对青岛啤酒的好感度。这种互惠互利的活动为双方带来了市场关注和消费者好评，可谓双赢。

如果企业能够通过缩短价值链并花费时间和资金来塑造品牌的特点，同时促进跨界合作，借助他人的资源来提高知名度，及时创造新平台模式，把企业当成平台来运营，传统企业才有可能成功解决痛点并完成转型。

第七章 07

引流的关键在于营销

引流是以营销为基础，然后通过各种渠道吸引流量，提高产品曝光度，从而吸引更多用户。

然而，现在许多企业在互联网引流方面遇到了瓶颈。它们虽然在软文营销，微博营销，微信营销，抖音、快手视频营销等方面进行了一定的尝试并取得了一些成果，但无法再进一步发展。此外，一些企业经营者仍然存在片面认识，将线上营销与线下营销割裂开来。

01 寻找用户爆点

企业如何打造爆点,实现精准引流和转化裂变?

在进行导流裂变之前,很多人并没有真正思考清楚自己的目标用户在哪里、他们在想什么以及为什么要购买自己的产品。

如果企业经营者想要盈利,必须研究用户需求,寻找能够击中他们的爆点。

爆点在哪里

现在,我从用户的痛点出发,展示如何让流量更精准、转化率更高的四个步骤。

1. 找出痛点

用户真正需要解决但尚未解决的问题,用户的痛点可分为三类。

(1)明确的痛点:用户愿意花费真金白银的代价,也就是指每一个企业应该为用户提供的基础产品或服务。

(2)隐藏的痛点:用户愿意支付更多费用,也就是与其他同行的差异。

(3) 增值的痛点：用户愿意为增值服务支付额外费用，也是一个新的利润点。

2. 创造引流爆款产品

对于许多互联网企业来说，产品本身是最大的爆点，而引流产品则是引爆的核心武器。一个成功的引流产品应该具备以下特点：

(1) 提供完美的产品体验，让用户感到惊喜和满意。

(2) 建立良好的声誉和口碑，增强用户的信任感。

(3) 提供受欢迎的服务，满足用户的需求和期望。

3. 合理的定价策略

合理的定价策略应该同时考虑以下两个方面：

(1) 价格应该低于用户的预期，以吸引更多的用户购买。

(2) 价格应该符合用户对产品质量的期望，以保证产品的竞争力和盈利能力。

如果你列出宜家的畅销品，你会发现排名第一的并不是沙发或台灯，而是出口处的冰激凌筒，仅售1元。

合理的定价策略可以形成正面的利润循环，通过低价吸引流量，让用户沉迷于产品。这也是消费心理学中的"成瘾原则"。当用户形成使用产品的惯性后，他们对产品的依赖性会增加，对价格的敏感度会降低。

4. 提高用户的精神黏性

不喜欢的东西不要强加给用户。如果用户喜欢，你可以满足他们的心理需求，让他们更愿意与你的品牌产生情感联系。这也是许多情感自媒体巨头成功的核心所在。

例如，江小白酒仅用5年时间就从0元增长到10亿元，成为国内著名的白酒公司之一。它采用了个性化的报价策略，让用户每天和每个月都触达该品牌。这种基于用户的运营模式已经成为互联网产品的标配。

那么，如何实现产品的精神黏性呢？

这需要企业与自己的用户建立紧密联系，了解用户的情感需求，如快乐、悲伤、愤怒和痛苦，并描述产品的"用户画像"。只有一个目标，那就是深入了解用户，就像小米"为发烧而生"，老干妈"有中国人的地方就有老干妈"，这是一种贴近用户的沟通方式，满足用户的精神诉求。

这是产生爆品点的关键所在。

一个极具创意和个性化的爆发点可以为企业带来大量的用户，引发的蝴蝶效应也会让企业受益无穷。

"引爆"用户的需求

想要"引爆"用户的需求，需要站在用户的角度，从他们的需要出发，为产品提供有针对性的服务，才能让产品在短时间内引起大量用户的关注和兴趣，从而实现爆炸式的增长。

1. 深入了解用户需求

想要引爆用户的需求，先要获得他们的关注。用户就是企业的潜在用户，需要了解他们的需求和喜好，用产品和服务去吸引他们的注意，并赢得他们的信任。如何快速了解用户的需求和喜好呢？可以通过市场调研、数据分析和用户反馈等方式，来收集用户的数据和信息。

例如，某品牌手机一经推出就获得了消费者的青睐，这是因为该品牌紧紧抓住了用户对于触屏手机的需求。通过深入了解用户需求，企业可以更好地满足他们的期望，提高产品的竞争力和市场占有率。

2. 创新产品设计

创新产品设计是企业的核心竞争力之一。用户除了关注产品的质量外，也非常注重产品的外观、功能和体验。只有创新产品设计，才能让企业的产品在激烈的市场竞争中脱颖而出。

通过不断创新产品设计，企业可以不断提高产品的品质和用户体验，增强产品竞争力和品牌的影响力。

3. 精准营销

不同的人群有不同的喜好，因此企业需要通过不同的方式进行精准营销。例如，可以通过社交媒体广告、搜索引擎优化等网络营销手段，精准地触达潜在用户。同时，在广告中，可以采用创意有趣的图片和动画等方式来吸引用户的关注。

以知名时尚品牌为例，其受众群体大部分是喜欢社交的年轻人，因此便通过社交媒体平台做广告和推广，以及举办一些有意思的线上互动活动，来吸引他们转发，精准地触达目标用户群体，成功提升了品牌知名度和销售额。

4. 制定"病毒式"营销策略

以前，电视广告就经常使用"病毒式"营销策略。在不断重复宣传中，用户对广告词的反复播放，让用户在无形中记住了。这种"病毒式"营销在这个时代依然很有效，它可以迅速扩大品牌知名度，引爆用户的关注。

与以往不同的是，现在可以选择的宣传载体更多，比如，社交媒体、短视频平台，还有口碑传播等方式。这些平台的互动机制还可以让用户参与进来，一起分享和推荐产品。比如，在短时间内迅速崛起的抖音平台就是走的此种营销路线，利用用户发布的内容和社交传播来宣传。

5. 提供优质服务

在市场竞争日益激烈的情况下，消费者有更多的选择。为了吸引和留住优质用户，企业需要提供更专业、周到的服务，从而提高用户满意度。例如，提供专业的售前咨询、售后服务等，让用户感受到企业的真诚关怀。

以京东为例，京东为用户提供了非常便捷的退换货服务和及时的客服支持，这是许多购物平台所不具备的。通过提供优质的用户服务，企业可以赢得用户的信任，从而促进业务的发展。

6. 打造品牌故事

用户往往被有趣的故事所吸引，因此可以通过塑造品牌故事来激发消费者共鸣。通过讲述品牌故事、建立企业文化等，给品牌注入格调，从而获得用户的认可感。例如，耐克的品牌故事强调创新、拼搏和自由，为用户打造一种感觉：购买耐克产品不仅是购买一双鞋，更是在追求一种生活态度。

通过打造品牌故事，企业可以让用户更好地了解品牌，并与品牌产生情感共鸣，从而提高品牌的认知度和美誉度。

7. 跨界合作与联合营销

通过跨界合作，企业可以实现资源共享、互惠互利，进一步提升品牌知名度和影响力。即使像一些高奢品牌，也与宝马和路虎等品牌有过成功的跨界合作案例。这些营销策略都成功地吸引了对方用户的关注，实现了双方品牌价值的提升。

通过以上策略，企业可以有效地"引爆"用户的需求，实现产品的爆炸式增长。其中，关键在于把用户视为一个陌生的朋友，同时把企业视为一个拥有自己性格的"人"。用企业的"人格魅力"为用户创造价值，以对待朋友的态度提供优质的产品和服务。这样，用户才会在品牌上注入情感和关注，成为品牌的忠实粉丝。

以上的步骤可以套用在大部分的引流活动中。只要在举办活动之前思考清楚自己的用户群体，以及弄清楚企业的价值所在，就可以运用这些价值来吸引用户。同时，还可以通过找到活动的支点来找到引流的爆点。

找到引流爆点

活动运营的三个支点，分别是：刚需、高频、痛点。

1. 满足用户刚需（强需求）

企业举办活动时，以满足用户的需求为最终目标。因此，在设计活动时，要关注用户的刚需，针对这些需求，为他们提供有针对性的产品、服务。只要能满足用户的刚需，就能够激发用户的购买欲望。而了解用户刚需最简单的方法，就是通过市场调查、数据分析、竞品分析等方式收集相关信息。

在了解用户需求之后，活动的主题、内容和形式就需要紧紧围绕这个"刚需"进行。比如，新产品发售之后，很受用户欢迎，关注度很高。但因为价格原因，成交量并不理想。那么，在推广新产品的活动中，"折扣"就是用户的刚需。企业就可以通过限时优惠、折扣券等形式，降低产品的价格，从而提高活动的吸引力。

举一个案例，某智能手机品牌在推出新款产品时，正遇上移动互联网变革，消费者对于智能手机的需求量成倍上升。因此，品牌着重强调了其革新性和易用性，以满足用户对智能手机的刚需。后续又针对用户的需求，提升了更多功能，比如，提高手机拍照性能、加大存储空间等，从而使这个品牌的手机成了全球畅销的智能手机之一。

2. 提高品牌曝光率（高频次触达）

为了在竞争激烈的市场中脱颖而出，企业需要持续提高品牌曝光率。因此，企业举办的活动需要具有高频次的触达能力，如与用户保持互动、提高活动的曝光度和参与度等。当然，要掌握好频次，过于频繁的活动可能会对用户造成烦扰，导致他们产生抗拒情绪。

企业可以通过不同的渠道来进行高频次宣传和推广，例如，在社交媒体上发布预告、通过电子邮件通知、发送活动链接短信以及线下活动等方式，实现全方位高频次的宣传和推广。此外，设定一个合理的频次，定时发布和更新活动内容，以维持活动的热度。

例如，某电商最著名的持续时间最长的活动是每逢周五和周一的固定活动。除了在官方网站和应用程序上进行推广外，该活动还在社交媒体上进行宣传。每个用户都能收到活动的电子邮件或短信等，并且活动时间固定，因此周五和周一的活动吸引了大量用户参与。

这种固定性质的活动实际上是为了培养消费者的消费习惯。经过一段时间的"培养"，每逢周五和周一，人们会习惯性地打开其网站，查看有哪些优惠。或者在平时浏览网站时，先将商品放入购物车，等待活动日再下单购买。如果这两天不购买任何东西，消费者往往会觉得失去了享受折扣的机会。因此，这为该电商带来了丰厚的销售业绩。

3. 解决用户痛点（解决问题）

除了满足用户需求，还需要解决用户痛点。例如，他们在使用产品或服务时可能遇到的问题和困扰等。通过帮助用户解决这些痛点，可以提高用户的满意度，增加他们对品牌的好感。

如果用户普遍感到困惑，不知道如何使用产品，那么可以通过小游戏等活动让用户在参与中轻松学习产品的使用方法。同时，可以设置在线咨询服务，帮助用户解决问题。

以宜家为例，它在帮助用户解决痛点方面做得很好。很多人在装修或装饰家时毫无头绪，也不知道家具的尺寸是否合适。因此，宜家提供了 3D 家居设计工具，帮助用户在线模拟家居布置效果。消费者可以选择宜家提供的家居模板来查看装饰效果，也可以将所有在宜家售卖的产品拖进模拟的家居环境中，看看尺寸和类型是否合适。这种方式不仅解决了用户的痛点，还提高了用户的购买体验。

让用户能够轻松找到合适的家居产品，是宜家一直追求的目标。除了在网站上提供详细的产品介绍和购买方式外，宜家还在门店设立了体验式展示区，让用户感受产品搭配效果。这种方式不仅提高了用户的购买体验，也帮助宜家发展成全球知名的家居品牌。

事实上，许多知名品牌在举办活动时都会围绕刚需、高频和痛点这几个方面展开，例如，"星期五"促销活动，就是以满足消费者的购物需求为主要目标。而手机的新品发布会则是为了吸引用户的关注度。这些经验可以为企业提供参考，但企业也需要根据自身情况和市场需求制定合适的活动策略。

吸引用户的三个关键点

一些知名品牌在实际操作中，运用了免费、补贴和奖励策略，取得了很好的效果。这就是吸引用户的三个关键点：免费、补贴和奖励。

1. 免费策略

很多用户并不是缺钱，只是喜欢这种免费获得商品的感觉。因此，免费策略在吸引用户关注和试用方面具有显著效果。

比如，音乐流媒体服务商免费为新用户提供试用服务。注册之后，你就可以免费试听一段时间的高品质音乐，并享受它的服务。后续如果用户感到满意，就可以选择成为它的付费用户。通过这种方式，音乐流媒体服务商吸引了大量用户，提高了品牌知名度和用户转化率。

2. 补贴策略

大部分人都有类似的心理，而让用户"占到便宜"也是商家惯用的引流技巧。补贴策略就是通过降低用户的实际购买成本，增加其购买意愿。

比如，共享单车发展之初，为了扩大知名度，增加用户数量，推出了

"低价骑行"活动。骑行一小时原价 2 元，用户领取补贴之后，只需要花费 1 分钱，折扣相当低，吸引了很多用户下载 App。这无疑是此种策略最典型、最成功的案例之一。

3. 奖励策略

除了免费、补贴之外，提高消费者在消费过程中的成就感也能提高销售量。奖励策略就是通过激励机制鼓励用户积极参与活动和推广品牌。

例如，拼多多购物平台在短时间内迅速崛起，主要得益于其"拼团"活动。该活动激励用户邀请好友购买商品，从而提高用户的成就感。同时，在用户邀请好友的过程中完成了一次口碑传播。

综上所述，通过免费、补贴和奖励策略可以满足用户的刚需，达到高频的宣传效果以及解决用户的痛点，找到引流的爆点。企业可以根据自身情况和市场，学习运用这些技巧，更多地从用户的角度和底层逻辑思考，这些是引流最核心的方面。

02　引爆市场的话题

如果一个品牌能够在垂直市场占据主导地位,足以证明其成功。如果能够"出圈",突破圈内壁垒,可以进一步提升品牌知名度并拓展市场。

好话题,可以让品牌"出圈"

一些品牌成功地利用热门话题和潮流趋势引爆市场,从而使品牌"出圈"。具体来说,可以采取以下措施:

1. 抓住热点

好的话题往往是围绕着社会热点、流行趋势以及消费者关注的焦点。因此,企业经营者要学会抓住当下的流行热点,将品牌与热点话题融合在一起。这样可以借助热点来提高活动话题的关注度,提高品牌的曝光度。例如,奥利奥饼干就曾通过奥斯卡颁奖礼上的"最佳影片颁奖失误"事件,巧妙地将品牌融入当时的热门话题,从而引起广泛关注。

2. 创意营销

品牌不仅可以自己创造好的话题,也可以借助当下流行的话题,将自己的产品和服务与火爆话题融合，通过创造新的热点话题，借势为品牌打广告，为用户带来惊喜。例如，在流行的网络游戏中植入与品牌有关的主题小游戏等。

3. 跨界合作

跨界合作的营销技巧同样可以应用到话题营销中，例如，与其他热门品牌、名人等合作，共同打造独特的产品和活动。这种互相借力的合作，能够提升双方的知名度和影响力，实现品牌方和合作方的双赢。例如，冷酸灵和小龙坎曾跨界合作推销一款火锅牙膏。冷酸灵是一个有几十年历史的牙膏品牌，通过跨界打破原有的品牌壁垒，制造话题和传播，不断激发年轻用户的新购买欲望。

4. 社交媒体运营

好的话题不仅是"蹭"出来的，也是"造"出来的。当然，这必须在适度的前提之下。因此，品牌要在社交媒体上积极参与话题讨论，积极与用户互动。拟人化的互动方法可以拉近品牌与用户的距离。例如，某款社交媒体以幽默、调皮的形象为用户解答问题、分享资讯，成功吸引了大量用户关注。

话题营销的本质

话题营销的本质是通过关注和参与具有广泛关注度的话题，将品牌、产品或服务与这些话题进行融合和创新，从而获得用户的关注。话题营销不仅可以提高品牌的知名度，还可以为品牌创造持续性的关注度。

以下是两个知名品牌企业运用话题营销的案例：

1. 适度调侃

前面文章提到，奥利奥曾"蹭过"奥斯卡颁奖失误的热点。奥斯卡颁奖人错将最佳影片奖项颁给了某部电影。奥利奥迅速抓住机会，在社交媒体上以调侃的语气发布了一则有趣的广告："你可以在黑暗中掰开一片奥利奥。"成功吸引了大量用户的关注。

2. 用幽默化解危机

2018年，某快餐品牌因供应链问题导致部分门店短暂关门，本来应该是充满危机的事件，可是这个快餐品牌以幽默的方式发布了一则回应广告，展现了它对待问题的积极态度和幽默，不仅缓解了社会上的负面舆论，也收获了用户的好感。

由此可见，话题营销的关键在于，以最快的速度捕捉到社会的热点，再通过有创意、有趣的形式将品牌与热门话题融合起来。这样，就可以在短时间内提升品牌知名度和关注度，从而提高市场竞争力。

策划品牌主题营销活动

虽然话题营销的效果不错，但在策划主题营销活动时，需要遵循一定的步骤，才能发挥它应有的效果。

1. 明确目标

企业在策划品牌主题营销活动时，需要制定一个明确的活动目标。想要达到的效果是什么？是提高品牌知名度，还是推广新产品、增加销售额？在制定目标时，不能贪多，明确目标有助于为后续策划活动提供方向。例如，某饮料品牌在举办试饮活动时，目标非常明确，通过新型饮料加强与年轻消费者的联系，提高品牌亲和力。

2. 确定主题

品牌活动要围绕着品牌定位、产品特性，不能远离目标市场。例如，你的产品是大众产品，主题就不能过于"高大上"；你的产品是文艺类产品，主题不能低俗。同时，主题应具有吸引力、创意和独特性，能引发用户的关注和兴趣。

3. 制定策略

有了明确的主题之后,根据目标和主题,制定相应的策略。例如,这个活动是线上还是线下,还是两者皆有？传播渠道是以社交媒体为主,还是借助合作媒体来做？合作伙伴是选择名人代言,还是跨界合作等,都需要一一确定好。一般来说,一场成功而全面的主题活动都是线上和线下相融合,先通过线上发布活动信息,再举行线上线下互动活动。同时,还可以邀请媒体来辅助宣传,以及通过社交媒体进行直播。只有制定好策略,才能有针对性地进行后续的推广活动。

4. 设计活动内容

策略制定好之后,可以设计具体活动内容。这些活动内容都要紧紧围绕着主题进行,展现品牌的特点。比如,如果主题是环保,那么海报设计和宣传视频就要突出环保性,互动小游戏也可以通过有趣的问答形式科普环保知识。

5. 制定预算与时间表

一场主题策划活动,从发起到策划,再到落实,是一个比较漫长的过程。同时,每一个步骤需要的花费应提前做好预算。例如,礼品采购需要花费多少资金,场地布置和物料的制作又需要多少资金,等等。而时间表也应依据市场的淡旺季来制定,活动的宣传、发布、举办时间都要制定好,才能确保活动顺利进行。

6. 执行与监测

一旦确定了活动的内容、预算和时间表后,需要开始执行计划。在执行过程中,需要不断地监测和评估活动的效果,及时调整和优化活动方案。通过总结和分析活动的数据和反馈信息,为下一次的主题活动提供参考和借鉴。

7. 活动跟进

在活动正式启动后，整个活动流程最为关键。对可能出现的问题，要进行预判并制定好应对措施。同时，通过数据分析和用户反馈监控活动效果，进一步优化活动策略。

举一个例子，有一家卖饮品的商家在推出限时尝鲜活动时，在社交媒体上引起了广泛关注。商家通过关注用户的反馈发现，用户还有其他需求，于是趁着活动热度，及时推出了其他限时口味的饮品，获得了更多用户关注。

8. 回顾与评估

活动结束后，需要对活动进行评估和复盘。看看活动的优点和不足以及达成目标的程度，为再举办活动积累经验。

例如，一场活动很顺利，但是受到了一些负面评价。那么可以通过回顾和评估理清这些负面评价出现的原因，在下一次活动中可以尽量避免再次出现问题。

通过以上步骤，企业可以成功策划出一场品牌主题营销活动，从而提高品牌知名度、增加销售额，进一步提升市场竞争力。

目前，最常用的话题营销形式包括以下三种：第一种是以社会热点为主题，引发话题，吸引关注；第二种是通过社群运营中老用户的宣传，打造知名度，实现裂变效应；第三种是利用传统媒体促进营销，例如，通过报纸、电视等渠道进行广告宣传。此外，战略营销也是一种广泛使用的多媒体营销方法。

在设计话题时，企业经营者需要充分了解事件的背景，好用户调查，并与其建立联系，为话题的启动做好准备并预测效果。让话题流行和广泛传播的最快方式是自媒体宣传和社群交流。一旦产品触动了用户的心弦，激发了用户的好奇心，话题传播的速度就能加快。

如果营销话题在传播过程中对品牌不利，企业经营者需要想办法沟通解决，把握舆论方向，迅速给出问题的解决方案。经过一系列的交流和曝光后，它将继续引起关注，然后引起广泛的搜索。更好的用户体验和正面反馈将获得更好的营销效果。

当然，企业经营者在做话题营销时也要注意话题的方向，否则可能会引起用户的反感。

03 创造价值的内容

近年来，越来越多的企业经营者开始意识到有价值的内容对于引流的作用，不断增加在"内容营销"方面的投入。然而，当被问及是否认为自己的内容营销达到了应有的投资回报率时，许多企业经营者却无法回答这个问题。

为什么会出现这种情况呢？原因不仅在于内容营销难以用KPI衡量，还在于每位企业经营者对内容营销的定义不同，甚至对内容营销存在一定的误解。

内容营销的本质和形式

内容营销是一种营销策略，其本质是通过创作和分享有价值的、且有吸引力的内容来吸引目标受众关注，从而实现品牌推广、用户关系建设和商业目标达成。

内容营销的核心在于提供有用、有趣或启发性的信息。通过这些信息，可以吸引用户的关注和信任，从而提升销售量。

一般来说，内容营销的形式多样，主要包括以下几种：

(1)有价值的内容：可以通过撰写有价值的行业动态、产品知识或用户故事等内容，来吸引和积累受众。

(2)有趣的视频和图片：在内容营销中，有趣的视频和图片能传递一些有价值的信息，而非仅为用户提供娱乐。用户通过这些视频和图片可以轻松地学习或了解某一领域的知识，从而持续关注这个品牌。

(3)社交媒体的有效互动：现在，大部分企业都在社交媒体上拥有自己的账号，围绕企业优势持续发布和分享有趣又有价值的内容，才能比较容易引发用户的讨论和转发，建立长远的受众互动关系。

(4)发送折扣信息邮件：许多企业会定期向用户发送有关活动或折扣的电子邮件，这也是一种内容营销的形式。通过定期向用户发送邮件，可以让用户持续了解品牌动态和折扣信息，从而提高用户的黏性。

(5)在线视频提高权威性：企业可以通过在线讲座、研讨会或课程，免费为用户分享专业知识和行业见解，树立品牌权威性，增强用户的信任。例如，相关机构可以邀请名师在官方网站上发布免费课程，为产品背书，提高用户的信任度。

此外，一些产品指南或解决方案也可以展示出企业的专业水平，吸引对专业性要求较高的用户。

内容营销的核心是为用户提供有价值的内容，重点在于提供高质量的内容，而不是直接推销产品或服务。这种方法有助于建立品牌声誉、提高用户信任度，促进用户参与度。

内容营销的四大价值

一般而言，企业内容营销的四大价值包括教育价值、娱乐价值、情感价值和社交价值。

1. 教育价值

前面文章提到，内容营销的核心是为用户提供有价值的信息和知识。因此，教育价值应该是内容营销的重点。那些能够帮助用户解决问题或提高技能的企业，能够在短时间内建立起用户对品牌的信任。例如，某知名的营销软件公司在自己的官方账号上发布了很多数字营销、用户服务等方面的教程，为用户提供了丰富的教育资源。很多用户都是先享受了他们的免费课程，形成了对品牌信任和依赖后，才购买他们的产品。

2. 娱乐价值

虽然有深度的内容往往容易枯燥，但是通过创作有趣的内容，不仅能为用户提供实用的信息，还能为用户带来娱乐价值。这样可以让用户在娱乐中学习有用的知识，比单纯的娱乐视频更能获得用户的持续关注。例如，一家卖搅拌机的商家发布了一组视频，通过将不同物品放入搅拌机进行搅拌，来科普物品的特性。这些视频非常解压，也充满娱乐性。如果单纯用文字解释这些物品的特性，没有多少人会关注。但有趣的视频形式不仅能够吸引大量观众的关注，还大大提高了搅拌机的知名度。

3. 情感价值

打动用户的内容，才是好的营销，而通过给用户提供情感价值，可以拉近品牌与用户的距离，促进用户对品牌的好感。

例如，护肤品牌百雀羚打造了一系列以女性故事短视频，探讨社会对女性形象的看法，引起女性用户的共鸣。这些视频不仅触动了许多用户的情感，还传递了积极的自我认知信息，拉近了品牌与用户的距离。

4. 社交价值

好的内容营销可以引发用户的主动分享和讨论，提高用户在社交媒体上的影响力,从而提升品牌的知名度。某运动品牌推出的一支广告邀请知名运动员代言,讲述运动员励志的故事,这个广告引发了很多人的共鸣,激发了他们的分享欲望,使该品牌在短时间内获得了用户巨大的关注。

总体来说,企业内容营销具有教育价值、娱乐价值、情感价值和社交价值,不仅满足用户学习、娱乐、情感、社交等需求,也帮助企业完成了从吸引用户、建立信任、提升品牌形象到扩大市场影响力等引流过程。若要实现这一目标,企业需要了解目标受众的需求和兴趣,为其创作出具有各种价值的内容,才能实现营销目标。

做内容营销的六步骤

一旦将内容营销的功能定义为"流量入口",意味着这个入口不能随意打开和关闭,必须稳步打开,才能为企业获取用户。因此,内容营销实际上是一项持续多年的工作。六个步骤决定了企业能否在内容营销中以更低的成本获得更稳定的收益。

1. 选对内容赛道,并持续投资

俗话说,"选择比努力更重要"。选对合适的内容赛道后,在这个领域中持续投入资源和精力,才可以获得长远稳定的收益。

(1)确定合适的内容赛道。找到合适赛道的技巧,就是关注用户的需求、兴趣和痛点,通过满足或解决这些痛点,才能找到与企业和产品紧密相关的内容主题,提高品牌认知度。例如,有些品牌的目标用户喜欢极限运动、音乐和艺术等领域,品牌就通过赞助各种与这些领域相关的赛事、展览等,在目标用户前频繁"露脸",成功吸引了大量目标用户。

(2)优化内容策略。在选定内容赛道后,合理的内容策略方法可以确保内容的质量和持续的吸引力。需要考虑适合做文字内容还是视频内容，适合发布在视频网站还是社交网站等。例如，一家社交媒体公司充分发挥了企业的资源优势，发布了大量关于社交媒体营销、用户引流等方面的专业性内容，吸引了大量的目标用户，为企业带来了持续的流量和潜在客户。

（3）持续投资和输出。找到合适的赛道和策略还不够，还需要持续投入资源和精力来提高内容质量。此外，还需要持续与用户互动以提高用户黏性。例如，运动品牌鸿星尔克投入大量资源围绕运动和健康领域做内容营销，通过广告、短片、社交媒体内容等渠道与知名运动员合作，将品牌和专业连接起来，大大提高了市场份额。

（4）数据驱动优化。在内容营销中，需要不断进行持续优化。企业可以通过阅读量、点赞数、分享数、评论数等指标了解用户喜欢哪些内容，不太接受哪些内容，并及时做出调整以持续获得用户的好感。很多新闻和娱乐网站都会经常更新内容，这正是调整和优化内容策略。

（5）创新与尝试。内容营销最忌讳守旧和抄袭，只有原创性内容才能吸引更多目标用户的关注。

知名的家居品牌宜家与其他老牌家居相比，最大优势在于其在内容营销中的不断创新。例如，它推出了虚拟现实（VR）家居体验、线上家居规划工具，以及请网络名人代言等。这些创新的尝试使宜家区别于其他家居品牌，成为赢得用户信赖的秘诀。

此外，内容的深度与广度也很重要。在内容营销中，内容的丰富性非常重要，不仅能覆盖更多人群，还能提高内容的价值性，满足不同用户的需求和兴趣。

可口可乐为了满足各类用户的需求，针对不同用户推出多元化内容,如将可乐与健康生活联系起来,或赋予可乐瓶环保理念等。这种既有深度又有广度的内容为品牌赢得了广泛的好评。

企业在内容营销中除了要选对内容赛道并调整策略外,还要学会创新尝试以及注重内容深度和广度,这样才能赢得用户信任。

2. 创建有价值的内容

做内容营销的重点在于能给用户提供"有价值内容",因此,企业在做内容营销时需要通过以下五点。

(1)深入了解用户需求。在创作内容时,需要先了解目标用户的需求、兴趣和痛点。可以通过市场调查、数据分析、用户反馈等手段,找到用户最关心的话题,为他们提供有价值的信息和解决方案。例如,某功能性饮品的用户除了爱好健康的人群,也有很多喜欢体育运动的年轻人。因此,它在内容营销中涉及大量极限运动、音乐、创意文化等领域的知识。

(2)专业性和可信度。有价值的内容背后代表的是专业性和可信度。因此,在创造内容时,要注重内容的专业性和可信度,不能为了热度而"消费"用户对自己的信任。此外,内容的形式也很重要。专业性的内容往往比较枯燥,要用有趣的语言去表达它,才能让更多人接受。例如,某科技公司在官方博客上发布了很多与技术相关的专业见解,如人工智能的发展趋势、数据科学的运用、云计算的应用领域等。这些有价值的内容为其赢得了许多高质量的忠实粉丝。

(3)故事性和情感共鸣。当枯燥的文字连接情感时,很容易引起用户的共鸣。在创造有价值的内容时,不能只写文章,而是要充分利用故事性和情感,引起用户的情感共鸣,满足用户的情感需求,很容易获得他们的认可。例如,宝洁曾通过发布"感谢妈妈"系列广告,讲述运动员和母亲之间的动人故事。因为母爱是一种很容易引起共鸣的话题,这个系列广告很快在社交媒体上迅速传播,为企业赢得了不错的口碑,这就是所谓的打"感情牌"。

(4)与时俱进,关注热点。在做内容营销时,最有效的方式之一就是蹭热点。因此,要关注当下的热点事件,确保内容的时效性,才能提高内容的传播效果。例如,当年,某运动品牌趁着居家办公推出了广告,鼓励人们在家锻炼,传递积极向上的信息。这个广告不仅准确地"踩"中了热点,也击中了人们居家的话题。于是一经推出,就迅速获得了社会的广泛关注。

(5)创新形式,提高内容的趣味性。内容营销的形式不应仅限于文字,还可以通过有趣、创意的图片、视频、音频等形式提高内容的趣味性,让用户在轻松的氛围中学习品牌所传递的价值。例如,知乎推出的原创内容平台鼓励用户通过文字、图片、视频等多种形式参与内容创作,不仅丰富了平台的内容形式,也提高了用户对知乎品牌的黏性。

此外,企业在创造内容时,还要关注内容的效果和数据反馈,不断尝试和调整,才能找到最适合用户口的内容。很多网站也通过大量的数据分析了解用户的喜好和行为,以找到最适合自己的营销方向。

3. 降低生产门槛,生产创意产品

创意的方法和技术可以在一定程度上降低内容生产的难度和成本,从而实现更稳定的收益,可以通过以下几个方面来实现:

(1)发挥现有资源的优势。传统企业积累了一些资源,比如,企业的官网、经验丰富的工作人员等,这些就是企业"免费"的资源,用这些资源来为内容生产提供支持,可以降低成本。例如,某科技公司通过自己的发展平台分享了企业内部技术专家提供的技术教程、案例分析等

内容,为用户提供了有价值的信息,大大提升了用户认可度。

(2)开放创意征集。让用户参与征集活动,不仅可以提高用户的关注度,还可以让企业以最低的成本获得更丰富的创意,实现一举多得的效果。例如,可口可乐曾推出名为"分享快乐"的活动,邀请用户分享自己与可口可乐的故事,吸引无数用户踊跃参与。这个活动不仅充分调动了用户的参与热情,还大大提升了品牌的影响力。

(3)内容合作与共享。一家企业的资源是有限的,但可以通过与其他品牌、媒体或创作者进行内容合作,互换资源,达到事半功倍的效果。同时,这有助于扩大品牌传播范围,提高品牌知名度。例如,某咖啡品牌曾与网站合作,共同制作了一系列名为"品尝"的短视频,通过合作降低内容生产成本,吸引更多用户关注。

4. 允许内容沉淀并形成 IP 资产

企业在进行内容营销时,如果想要获得用户长久的关注,需要通过内容形成自己的独特 IP 资产。好的内容 IP 能够在用户脑海中形成记忆,塑造他们的消费习惯。当然,内容沉淀并非一朝一夕的事情,而是一个漫长的过程。以下是具体实施方法。

(1)坚持持续生产内容。一篇有质量、价值的内容只能给企业带来一时的关注,只有持续地生产高质量内容,才能积累成品牌 IP 资产。同时,也需要不断挖掘用户的喜好,去创造不同领域的内容。比如,你的企业是卖功能性饮料的,宣传卖点时不仅可以围绕着"健康"进行,也可以通过创造体育、旅游等多个领域的原创内容,以扩大消费群体,赢得更广泛的关注和年轻一代用户的认同。

(2)创作具有话题性和传播力的内容。内容生产要注重话题性和传播力,好的话题能够激发用户的分享欲,引起用户主动转发和分享。

比如，社会上热议的正能量话题、鼓舞人心的故事以及独特的视角等。像某运动品牌就是通过讲述一些引起人们共鸣的励志故事来获得用户广泛关注。

（3）通过多种渠道和形式推广内容。在互联网发达的今天，人们接触信息的渠道非常多样。在做推广时也要充分运用这些渠道，形成全覆盖，让更多用户接触并了解品牌的IP资产。比如，知名的玩具品牌除了在电视上做广告外，还通过创作电影、动画、植入游戏以及建立社交账号等多种渠道推广品牌。通过全面覆盖，让品牌成为同类产品中最具知名度和最受用户欢迎的品牌。现在，它几乎成了积木的代名词。一个品牌代表了一个类别的产品，不得不说它的营销能力很强。

5. 优化用户行为路径，降低转化成本

营销策略中的关键一环就是优化用户行为路径，降低转化成本。简单来说，只有更便捷的购物过程，才能真正让"内容"服务于"营销"。从而降低营销成本、提高转化率。

（1）简化购买流程。在消费体验中，购买流程的便捷性非常重要。如果购买过程太复杂，会导致消费者犹豫不决，而简单明了的购买流程能大大提高用户的购买意愿，从而提高转化率。因此，在电商平台，企业需要优化操作页面，简化页面的内容信息，方便用户实现快速操作。例如，购物平台京东多次针对购物页面进行优化，比如设置一键购买、购物车推荐等功能，使得用户下单更快、付款更便捷，大大提高了转化率。

（2）提供个性化推荐。大部分购物网站都有个性化推荐功能，通过大数据分析用户的消费记录，为他们提供个性化内容和推荐，不仅能够提升用户的购物体验，甚至还为用户创造原本没有的消费需求。例如，用户喜欢潮流的服饰，可能只想买一件衣服，但通过个性化推荐，他见

到了与潮流相关的其他衣服，就很容易引起购物欲望，从而购买一些计划外的衣服。再如，某视频网站通过分析用户的浏览记录和喜好，为用户提供个性化的内容推荐。这不仅提高了用户的点击率，还延长了用户使用网站的时间。

（3）营造社群氛围。品牌社群充分运用人的"从众"心理，通过鼓励用户之间的互动和分享，让老用户成为品牌的"代言人"，借助用户之间的信任和连接，来提高用户对品牌的忠诚度。例如，乐高积木建立了一个名为"乐高创意广场"的线上社区，用户可以自由分享自己积木作品，这其实为品牌免费打了广告。

6. 创造有价值的内容

企业经营者创造内容时，要以有价值、有趣、有深度的内容为主，并将其视为能够为用户带来价值的工具，而不仅仅是引流的工具。只有将自己视为用户，站在用户的角度制作内容，才能赢得用户的好感，提高品牌知名度。具体而言，可以以故事为核心，通过引人入胜或动人的故事向用户传达品牌理念，而不是直接推销产品。先引起用户的共鸣，打动他们的心灵，才能提高他们对品牌的好感度。例如，可口可乐的口号之一是"分享快乐"，围绕这个口号制作了许多感人的广告。当用户观看这些广告时，他们看到的已不再是单纯的广告，而是能够引起共鸣的故事。借助这些广告，可口可乐在潜移默化中传递出了分享快乐、传递爱的品牌理念。这种方式比直接向用户推销产品更有效。

还可以通过创作实用、有价值的内容，解决用户的问题，获得用户的信任，从而提高品牌的信任度。例如，某家居品牌通过向用户提供免费的家居装修教程来提高网站的浏览量，并向用户传达专业的品牌理念。

当然，如果你不知道如何创作专业性的内容，或者缺乏这方面的资源，那么通过创作具有情感共鸣的内容快速提升品牌知名度。情感营销策略能够让用户与品牌建立深厚的情感联系，从而提高用户对品牌的忠诚度。

虽然以上几点看起来很容易，但需要企业在背后付出大量的精力，比如，建立优秀的营销团队、让内容更新鲜以及将内容营销植入企业的基因中。

04 用图片和视频吸引用户

在当今快餐式阅读的时代,尤其是在各种视频的影响下,人们对事物的了解越来越缺乏耐心。然而,纯文字内容也越来越专业化。除了需要深入了解专业内容,人们更倾向于停留在不需要太多思考的图片和视频上。因此,企业在推广时,除了推送有价值的干货外,还需要学会利用图片和视频吸引用户的关注。

图片营销和视频营销的价值

1. 为什么要进行图片营销

图片营销是指通过将创意图片用作广告来推广产品或服务。相比传统的推广方式,图像营销在现在具有更快的传播速度,特别是在推广方面。以下是图片营销的优势。

(1)投资少、效果好。与传统推广方式相比,图片营销的投资成本更低,但效果更好。

(2)从感官效果来看,图片能够在最短的时间内引起用户的兴趣。这是因为用户通常更容易被视觉吸引。

(3)便于SEO捕获和提高排名。基于代码捕获方法,使用代码使文本浮在图片上,并根据图形和文本以获得更多流量。这种方法可以提高网站在搜索引擎中的排名,从而增加流量。

(4)促进SNS推广并提高流量。由于社交网络服务具有共享和分享的功能,所有这些都是基于图片。当你想在社交平台上推广产品时,图片是最好的展示方式。它可以促进用户之间的交流和互动,从而增加流量。

2. 为什么要进行视频营销

视频营销是指通过在线视频来宣传企业品牌、产品和服务信息的一种营销方式。当你在搜索页面上看到很多产品时,如果其中一个产品有视频介绍,那么你会更容易被吸引,并且对这个产品的第一印象更深刻。此外,如果视频质量好,你更愿意花时间去观看和了解产品。

以下是视频营销的优势。

(1)形式多样,竞争对手少。产品视频可以使企业的产品在行业中脱颖而出。

(2)传播速度快,用户体验好。视频可以直接展示产品的功能和使用场景,让用户更快地了解产品,并提高用户体验。

(3)让用户直接了解产品。视频可以,让用户更加直观地了解产品的特点和优势。

(4)视频的权重很高,可以被搜索引擎快速收录。基于此,SEO系统倾向于用视频捕获产品。

(5)可以快速获得精准的流量(类似的关键词搜索,页面前面的视频排名)。这些都是卖家分享的图片营销和视频营销的优势。希望这些信息能对你在社交营销时有所帮助。

如今的社交营销内容已经从文本变成了图片和视频。图片和视频可以从不同的角度更好地、形象地向用户传达产品属性。但这也让很多传统企业在社交营销中瞻前顾后、迷失方向。

怎么做图片营销

图片营销是一种低成本、高效果的营销策略，可以在短时间内吸引大量用户的关注，是企业引流的重要手段之一。

用户对视觉内容的理解通常比纯文本内容更容易，因此通过图片营销传达的信息更容易被用户记住。

1. 图片营销的常用渠道

一般来说，图片营销适用于各种宣传渠道，下面介绍几种比较常用的渠道：

（1）社交媒体：可以在主流社交媒体平台上分享高质量或有趣的图片，展示产品特点、品牌形象或传达企业文化信息。

（2）官方博客和官网：官方博客和官网的内容一般比较严谨，因此穿插或直接使用一些有创意的图片可以提高文字内容的吸引力和易读性，并获得用户的认可。

（3）电子邮件营销：现在很多商家在发送折扣信息的电子邮件时，都会以图片的形式发送设计感强烈的图片。这些图片不仅能够突出折扣信息，让用户一眼看到哪些商品在打折，还能吸引用户的点击率。

（4）广告：无论是传统广告还是新型广告，图片都是必不可少的材料之一。例如，商场的宣传牌、活动现场的易拉宝等，它们能够在最短时间内让用户了解广告信息，从而提高广告投放的回报率。

（5）信息图表：信息图表可以将复杂的数据和信息转变成简单易懂的图形，让用户更容易理解和记忆。

此外，在品牌推广中，品牌形象和设计也是一种图片营销的方式。

通过打造独一无二的品牌 IP 来传递品牌理念,区分品牌与其他品牌,提高认知度。

总之,以上是图片营销最常用的方式和渠道。无论采用哪种方式和渠道,我们都要记住,图片营销的本质是营销,要围绕着营销策略进行。

2. 图片营销的策略

在进行图片营销时,最终目标是提高品牌知名度。为了实现这一目标,企业需要通过设计统一的图片类型、颜色等来提高图片的识别度,从而巩固在用户心中的品牌形象。

(1)目标明确。每一次图片营销都应该有明确的目标。例如,推广新品或提高销售额等。只有明确了目标,才能围绕目标制作图片,突出图片营销的重点。如果目标是推广新品,就需要重点描述产品的优势;如果是提高销售额,可以通过社交媒体互动。只有明确了目标,才能更好地设计图片并达到效果。

(2)了解目标用户。想要获得用户的认可和信赖,企业需要了解用户的需求、兴趣和爱好。只有这样,制作的图片才能够吸引他们,并获得用户的共鸣。

(3)选择合适的场景和人物模特。根据产品特点和目标用户的需求,选择合适的场景来展示产品也很重要。例如,家居品牌的场景可以是家庭,文具品牌的场景可以是办公室,户外品牌可以选一些景色不错的户外等。通过合适的场景,能够突显产品的核心功能和优势。同时,还要选择合适的人物模特,让广告更具有沉浸感。

(4)强调互动与共享。图片营销不仅可以让品牌向用户传递信息,还可以强调产品与场景之间的互动。例如,户外品牌可以通过展示人们在户外运动时如何使用便携式音响,或者在家庭聚餐时如何使用烧烤设备等,鼓励用户互动并积极回应。用户可以通过评论、点赞和分享这些图片来提高品牌的曝光度。

(5)保持图片清晰简单。图片营销需要传递的信息不能过于复杂,要突出重点,易于用户理解。具有高度视觉吸引力的图片通常具备色调统一强烈、图片清晰和布局简单等特点。只有具备这些特点,才能形成视觉上的吸引力。当然,企业还需要确保产品在图片中占据主导位置。

(6)测试和优化。图片营销需要不断测试和优化,以调整营销策略。企业可以通过用户调查等方式收集用户的反馈,并据此调整图片设计等。

例如,国内知名手机品牌小米通过图片营销成功地打造出一种创新、科技的品牌形象,吸引了大量年轻用户的关注。在发布某款旗舰手机时,小米推出了系列图片广告,突出显示手机的全屏设计、窄边框和隐藏式摄像头等优势,并通过展示操作系统的截图强调易用性和个性化功能。这些图片广告获得了很高的关注度,为小米带来了更高的市场份额,同时在创新智能手机领域获得了较强地位。

做什么类型的视频

现在,每个人都希望通过做短视频获利,但是有些人成功了,而有些人仍赚不到钱。那么,做哪些类型的短视频更容易成功呢?首先,可以根据自己的专业、兴趣、条件和大数据分析等因素选择领域和类型。

现在并不缺乏有趣和创意的短视频,只有那些根据自身特点制作的视频才具有独特性,这种具有独特性的视频总能吸引更多用户的关注。对于企业而言,什么样的视频才更具有独特性呢?

1. 公司介绍视频

相信大部分的企业都会有这样的视频,然而,这样的视频往往过于单调:"我们公司成立于××××年,拥有先进的设备,生产××产品"。虽然这种视频有点无聊,但很普遍。

2. 生产产品过程视频

这种类型的视频不同于一般的公司介绍,它更加注重产品的生产过程。此外,ＢunstrittenＢ用户通常对这些视频感兴趣和关注。因为现在买家往往愿意与工厂直接合作。比如,当你看到抖音上发布的产品生产过程视频时,你往往会对其产生更高的信任。如果你是一家衣架制造商,想要寻找衣架的批量用户,那么你的视频标题就可以是"如何制作塑料衣架",同时,你可以尝试录制一段关于衣架生产的视频。

3. 产品特性介绍视频

这类视频可以算是一种更直接的产品介绍方式,它不涉及生产过程,只描述产品的特性。

此外,还可以做客户评价视频和员工日常生活视频。

05 借助热点事件进行营销

众所周知,企业需要进行低成本、高性价比的活动营销,以快速吸引用户关注。然而,在信息泛滥的时代,要引起用户的兴趣并不容易。

若想在众多信息中脱颖而出,需要学会运用事件营销策略。除了"轻"的原则外,通过热点事件点燃流量的品牌在传播速度方面更快。

热点事件营销的突破点

很多企业经营者不知道如何入手热点事件营销,但实际上并不难,只要找到以下突破点:

(1)利用热点进行营销,毫不犹豫地抓住机会。在日常生活中提前关注热门正能量话题,依靠用户情绪比自己策划活动更容易吸引用户关注。

(2)根据热点事件创造营销主题,以加强品牌视觉符号和为传播做好准备。例如,微博上的品牌营销活动通常都有简短的主题词。

(3)紧跟品牌主要产品找出卖点,因为活动营销和其他营销方法都有明确的目标,即销售产品或服务。因此,企业必须始终围绕着产品或服务的核心卖点进行引流。

（4）引发话题争议，吸引用户参与评论和转发。企业经营者可以设置具争议性的话题，通过击中用户的痛点来吸引他们的评论和互动。

（5）时间的把握也非常重要。选择合适的时间发布活动信息，可以提高曝光率和用户参与度。

一般来说，引流的最佳时间是在工作日，因为用户在这段时间更容易聚集，形成集体性的传播。

企业在进行营销时必须采用最快的方法以达到最佳效果。

"轻、快、爆"致胜法

在当今产品日益多样化的社会中，企业之间的竞争以及用户对产品的要求已经提升到一个新的高度。为了避免在市场竞争中处于劣势地位，企业营销人员需要创新营销模式。

事件营销作为一种整合了新闻效应、广告效应、公共关系、形象传播和客户关系等多种元素的营销模式，已经被越来越多的国内外企业所采用。通常采用以下三个技巧：

（1）轻。简洁明了的内容和媒体选择。在活动营销中不要使用过于复杂形式，最好的媒体形式是在线交付。

（2）快。你的活动传输和发电的速度应该很快。一个好的广告作品可能需要三个月或半年以上的时间打磨，但活动营销需要快速且超出用户预期。

（3）爆。爆发点应该强大。事件营销的核心路径是通过互联网上的社交媒体进行推广。因此，在创意设计和媒体组合方面，应该围绕社交媒体展开。

几大实用方法

事件营销是企业常用的一种营销策略，企业通过组织、参与或赞助各种活动，例如，展览、会议、庆典、体育赛事等，提升企业知名度、扩大用户群体和增加销售额。

简单来说，事件营销就是利用特定事件进行一系列的广告、公关、促销等营销活动。事件营销大致有以下几种方法。

1. 量身定做

事件营销的要点在于将品牌、产品或服务与特定的活动或场景联系起来，借助这些活动或场景的热度来引流。因此，事件营销具有针对性和目的性等特点。

首先，要有针对性。所谓的针对性是指企业在进行营销时，要针对特定的目标受众和市场需求进行策划和执行。例如，在策划和执行活动时，应充分考虑用户的需求、兴趣、喜好和行为。如果针对年轻用户进行营销，则可以通过虚拟现实等高科技互动、社交媒体互动等方式吸引他们的关注。有针对性的事件营销活动才能更有效地吸引潜在用户，实现企业的营销目标。

其次，要明确目的。企业在策划和执行事件营销活动时，先明确目的，为了什么营销。是为了提高企业知名度、扩大用户群，还是提升销售额、收集客户信息？这些都需要企业运营者提前想清楚，而不是盲目地去营销。

2021年，某知名咖啡品牌根据当下社会热点推出了活动。该活动旨在通过咖啡销售额、捐赠资金和提供支持等方式，帮助更多的女性获得教育、培训和就业机会，提高其生活质量。

为了提高活动的吸引力，品牌还推出了一系列咖啡杯、礼品卡和饮品赠送给用户，并在赠品上印有能代表品牌理念和社会责任的文字，以提高用户的好感度。这个活动不仅为用户提供了别样的购物体验，也满足了女性用户的情感和价值需求，提高了品牌的认知度。

由此可见，在事件营销中，为用户量身定做是品牌营销中的一个非常重要策略。它能够吸引更多的目标受众参与，并提高品牌的影响力，实现营销目标和效果。因此，企业在进行事件营销时，一定要注重针对性和目的性，确保活动能够吸引目标受众并实现企业的营销目标和最佳的营销效果。

2. 学会借势

事件营销的秘诀之一是要学会借势，通过一些热点事件或活动为营销助力。具体方法如下。

(1)关注热点事件：企业要经常关注时事热点，甚至流行文化，借助它们的热度来为企业做宣传。例如，在举行奥运会、世界杯等关注度高的体育赛事时，推出与运动相关的活动，吸引用户的关注。

(2)融入创意：在事件营销中，如何将当下热点联系起来，是一门技巧。而一些有创意的想法或活动，能提高用户关注度，让用户在关注热点事件的同时，也能注意到企业的品牌和产品，将二者融合起来。

(3)活动策划：营销人员可以围绕热点事件策划一些具有吸引力的活动，例如，限时促销、主题活动、线上线下互动等。不过，这些活动的内容要与热点事件紧密相关，才能提高用户参与度。

(4)把握时机：事件营销说到底，借助的是事件的热度。因此，企业需在热度最高峰及时推出营销活动。在热点事件刚发生时，企业需要迅速捕捉到并推出相关活动。一旦热度过去，活动效果就会大大降低。

在2021年奥运会期间，全世界的人们都在关注这个赛事。许多知名运动品牌都迅速推出了一系列的营销活动，例如，发布奥运主题广告、推出奥运主题产品系列、与奥运会选手合作推出特别款式等。其中，最成功的营销是以"无与伦比的毅力"为主题的广告，通过展示奥运会选手的竞技精神来强调品牌的特性。

因此，借势营销不仅可以帮助企业实现营销目标，还可以向用户传递企业理念和社会责任，赢得用户的认可。

3. 加强宣传，放大效果

事件营销需要通过多种渠道，如社交媒体、广告和公关等，全面覆盖活动并营造出一种火爆的氛围，以吸引更多的目标受众参与。此外，在活动结束后，及时发布活动报道或视频，可以进一步扩大企业影响力。简言之，企业在进行事件营销时，需要不断加强宣传，放大效果。

具体来说，企业可以通过以下几种方式加强宣传和放大效果：

（1）多种渠道宣传：事件营销需要给用户营造一种氛围，让他们觉得这个活动非常火爆。因此，企业应采用多种渠道全覆盖地对活动进行宣传，例如，社交媒体、广告和公关等。具体可以通过发布活动海报、消息、邀请函等方式吸引目标受众的关注和参与，提高活动的曝光率和传播力，从而提升品牌知名度。

（2）强调活动独特性：在宣传中，要重点突出活动的独特性和价值，让用户很容易看到活动的主题、内容、时间、地点以及参与方式。这样可以吸引更多目标受众的关注，提高参与者的数量。

（3）应用口碑营销：在事件营销中，企业可以通过与口碑好的名人或品牌合作，提高活动的传播力，并提高企业知名度。

（4）发布活动报道：活动结束后，应及时发布活动报道或视频来延长活动热度，进一步扩大企业影响力。同时，也可以为下一次活动助力，吸引更多的目标受众参与下一次活动。

（5）关注效果评估：在活动宣传后，还需要通过参与者数量、质量、活动反馈等方面对活动效果进行评估，以了解活动的成功程度，优化活动策略和方案，提高下一次活动的效果和影响力。

2021年，知名品牌华为在国际消费电子展（CES）上推出了一款自主研发的智能汽车解决方案，吸引了很多目标受众参与。那么，华为在CES上是如何进行强化宣传的呢？

首先，华为在CES上发布了一系列新闻稿、宣传视频和产品介绍，通过展示其智能汽车解决方案的特点、功能和优势来为活动预热。同时，将这些宣传材料发布到多个媒体渠道，如在线媒体、社交媒体和电视等。通过全覆盖的宣传方式，营造出了一种火爆的活动氛围。

其次，华为在CES的展示区现场展示了其智能汽车配件和软件，并邀请用户参与体验。同时，借助展会的媒体资源，加大宣传其产品的实际应用效果和性能。

除了线下互动外，华为还通过社交媒体等渠道与用户进行线上互动，如抽奖活动、问答活动等，加强了用户和媒体的参与和互动。

通过借助CES的热度，华为成功地将其智能汽车解决方案推向市场，并赢得了用户广泛的关注和认可。

因此，可以得出结论：通过不断地加强宣传，可以有效地提升活动的效果。此外，在进行事件营销时，也需要根据目标受众的需求和偏好来调整宣传的方式和内容，以提高活动的效果。

第八章 08

品牌永远是引流的利器

很多品牌之所以成功，就是因为它们具有被用户高度识别的能力。可以说，品牌是帮助企业塑造消费者认知的利器。

　　在互联网时代，每个人都有机会建立自己的品牌，但并不是每个人都懂得如何突显自己品牌的优势和特性。如果你没有找到自己品牌的定位和特点，没有赋予自己品牌区别其他品牌的"调性"，即使你的产品优势很明显，也会很快被淹没在竞争激烈的市场中。

01 品牌的号召力

企业之间的竞争,在某种程度上是品牌文化之间的竞争。一些拥有深厚文化底蕴的企业之所以能取得更大成就,主要是因为品牌文化起到了推动作用。

如果一个企业想要在市场上立足,必须把推广自己的品牌文化作为重中之重。只有让用户认可并接受自己的品牌文化,才能通过企业文化和品牌效应来扩大企业及其产品的知名度。

当谈到品牌文化时,很多人可能会问:"什么是品牌文化?""如何使品牌文化具有影响力?"

什么是品牌文化

品牌文化是由品牌所有者、购买者、用户共同拥有的,与品牌相关的独特信念、价值观、仪式、规范和传统的组合。同时,品牌文化也意味着通过赋予品牌深刻而丰富的文化内涵,建立清晰的品牌定位,充分利用各种强大而有效的内外部沟通渠道,让用户对品牌的高度认同,创造品牌信念,最终形成强大的品牌知名度。

简言之，品牌文化是基于品牌对社会成员的影响和聚集的一种现象。它是一种独特的系统，反映了用户对品牌的认知、态度和行为方式。一种成功的品牌文化应该能够激发用户的共鸣和情感联系，并促进品牌与用户之间的互动和交流。

一个优秀的品牌拥有吸引用户的能力，这种能力被称为品牌影响力和号召力。它实际上是通过文化理念唤醒和吸引用户的能力，而品牌号召力则是向用户传达品牌的特点和优势，以及它能带来什么好处，也可以说是一种品牌效应。

例如，当我们考虑选择西式快餐时，先会想到哪些品牌？肯德基、麦当劳，还是必胜客？当我们需要购买电器用品时，我们会优先选择哪个品牌？华为还是小米？

当你需要购买某个产品时，第一时间想起的品牌体现的是品牌的影响力。因此，在互联网时代，信息传播既快又广，如果企业能够建立自己的品牌形象，将对企业的网络营销产生很大的帮助。因此，先要建立自己的品牌战略。

品牌战略是一系列能够产生品牌积累的企业管理和营销方法，涵盖了4P和品牌识别等方面。具体来说，它包括品牌用户选择计划、名牌选择计划、商标战略选择计划、重新定位选择计划、扩展品牌战略选择计划等。

在品牌营销中，有许多不同的方法可供选择。与传统的品牌营销方式（如电视广告、报纸广告、现场公关等）相比，网络品牌营销逐渐受到企业的青睐。然而，在线品牌营销策略的核心是如何得到用户信任问题。由于网络的虚拟性，让用户信任企业品牌和产品是最核心的关键。

如果企业能够建立好自己的品牌战略，将会带来以下好处：

（1）提升企业形象和产品质量。品牌是产品质量内涵和市场价值的评价系数和识别标志，是企业参与竞争的无形资本。产品参与市场竞争是有优势的，这表明品牌具有识别产品的功能，有利于新产品进入市场；名牌产品对用户更有吸引力，有利于提高市场份额。

（2）保护用户的权益。品牌可以帮助用户识别产品的基本信息，例如，先识别产品的制造商和产地，然后与同类产品区分开来，可以帮助用户敏感地找到他们需要的产品，减少在搜索过程中花费的时间和精力，降低资金风险。同样，企业为了获得忠实的用户，会花大力气为用户提供稳定、优质的产品和高效的服务，双方通过品牌形成相互信任的合同联系。

（3）降低营销成本，减少企业对网络营销的投资。如果企业在营销过程中牢牢抓住这一点，就不会增加营销成本。在这个以品牌为导向的战略营销过程中，用户对企业品牌结构形象的深入塑造促进了企业的发展。

（4）促进企业创建。对于一个企业来说，品牌是一种能量，是企业能量的表达，也可以说是一种文化。在营销的过程中，能够对企业品牌形成累积效应，并扩大企业的影响力。如今，品牌建设已逐渐成为推动企业发展的重要力量。一个企业拥有一个品牌，不仅证明了其经济实力和市场地位，也反映了其持续扩张的规模。因此，品牌创建对企业的发展具有决定性的影响。

可以说，企业只有拥有自己的品牌，才能在激烈的竞争中立足。

打造品牌号召力的步骤

第一步：让品牌更有吸引力

想要让品牌更具吸引力，先要赋予品牌文化相应的含义，像一个好演员需要足够的作品一样。为了突出品牌特色并使其更具吸引力，企业应该在规划品牌时充分挖掘和发挥品牌的个性和独特性，找到品牌的价值所在。

虽然有些人认为提高品牌的吸引力，是为了获得市场认可，但事实并非如此。为了使品牌更具吸引力，企业需要创造一种"符合市场目标并得到公众认可的品牌文化"。这可能需要进行详细的市场分析，即使无法全面了解当前市场需求，企业也可以根据业务范围分析当前用户的喜好，并开展相应的业务。这种精准的市场定位是吸引目标用户群体的关键之一。

第二步：个性化沟通渠道

从企业和经销商角度分析微信、抖音和快手。这三款软件是目前公众使用频率最高的社交平台之一，其中抖音和快手更倾向与"陌生人"社交，而微信更偏向于与朋友互动。

对企业来说，需要通过新媒体平台提升品牌文化并挖掘潜在用户。因此，创造差异化优势是最重要的。企业可以为用户提供满足其偏好的独特产品或服务，从而获得不同于对手的竞争优势。

优秀的品牌文化可以赋予品牌强大的生命力和非凡的扩张能力，充分利用品牌的知名度进行品牌延伸，进一步提高品牌的吸引力和竞争力。

打造品牌吸引力的方法

品牌吸引力是指由自身品牌知名度所产生的一种品牌文化集聚效应。

1. 精准的品牌定位是做好市场的前提

在推出用户存储活动或计划推出用户存储服务之前，要先确定产品和服务的主要受众,以便回答以下问题:需要什么样的用户？怎样才能找到有需求的用户,实现供需之间的平衡？

2. 品牌创建始于产品质量和服务

在品牌投入市场之前,要严格控制产品质量安全,因为产品质量是企业赖以生存的关键。同时,为用户提供优质的服务也是企业关注的重点。这是企业品牌规划长期发展的必要条件,也是企业品牌规划需要考虑的重要问题。

3. 打造与众不同的品牌文化

品牌文化是由品牌所有者、购买者、用户共同拥有并与品牌相关的独特信念、价值观、仪式、规范和传统的组合。如何抓住用户的注意力,需要企业自身独特的品牌文化。如果想做到这一点,企业需要对自己的定位和品牌有很好的理解,并且能够基于品牌进行创新,这也是企业品牌吸引力的决定性要求。

4. 构建独特的核心竞争力

构建独特的核心竞争力是企业在市场竞争中脱颖而出的关键。在企业发展时,品牌的竞争优势和核心竞争力非常关键。向用户传达相关的信息非常重要,产品具有独特之处,并且具有竞品所不具备的优势。

5. 制订全面的品牌建设计划

为了确保企业在投入市场前能够有效地监控风险、为品牌的建立保驾护航并构建强大的吸引力,必须在所有准备工作完成之后制订明确的计划,包括每个阶段的目标。

02 品牌定位

新媒体最大的特点在于媒体对用户的传输，但同时也导致了信息的碎片化，使得用户越来越难以集中注意力，只能被动地接受在眼前的信息。

用户行为已不再是满足基本物质需求的手段，而是满足个人心理需求的手段。因此，只有当企业满足用户心理需求并获得认可时，才能被用户记住。

品牌定位的重要性

现在，企业如何才能被用户记住？品牌建设至关重要，品牌定位能够帮助潜在用户记住企业所传达的信息。

研究发现，人们在一定的时间内只能接受有限的信息，因此，企业唯一明智的选择是压缩信息、实施定位，并为产品创造最能影响潜在用户心理的形象。

品牌定位使潜在用户能够正确理解品牌，进而对品牌产生偏好和购买行为。这是企业成功引导潜在用户的捷径。

优先获得用户认可

品牌定位是为建立品牌形象提供价值的行为,是创建与目标市场相关的品牌形象的过程。它可以被视为一种创造品牌的活动,目的是在用户群体的心目中占有独特的地位。

举一个简单的例子,即使互联网信息传播广泛,有各种新闻平台、信息流媒体等,当用户需要找一些信息时,搜索引擎是一种选择。为什么大家选择最熟悉"百度",而不选择其他搜索引擎?

因为百度在用户心中建立了一个独特的"品牌标签",即"百度一下,你就知道"。这种百科全书式的品牌定位为用户建立了一种有任何疑问都可以在百度找到解答的品牌形象,在用户心中形成了一个锚点。因此,当用户有任何疑问时,第一时间想到的就是百度。

这表明品牌定位包括识别和确定相似性、差异,以确定正确的品牌标识并创建合适的品牌形象。品牌定位是营销战略的关键,强大的品牌定位通过解释品牌的独特性、与竞争品牌的相似性以及购买和使用特定品牌的原因来指导营销策略。定位是开发和提高用户所需知识和认知的基础,是区别于竞争对手的唯一功能。

所有成功的品牌都具有将品牌功能与用户心理需求联系起来的特征,并将品牌定位信息精准传达给用户。因此,企业最初可能有多个品牌定位,但最终目标是对目标群体建立最具吸引力的竞争优势,并通过一定的手段将这种竞争优势传递给用户,从而转化为用户的一种意识。如果实现了这一目标,将成为一家强大的品牌企业。

品牌如何"出圈"

当前,如何抵御用户对品牌传播疲劳?随着互联网时代大数据的发展，人们对品牌的认知度下降，记住品牌的概率随之降低。作为用户，他们看不到广告，越来越多的用户采取措施屏蔽广告。在这种情况下，品牌创建变得更加困难。

据统计，上网的人每天平均接收到200多个品牌的信息，但停留在这些信息上的时间不到0.5秒。也就是说，企业需要在0.5秒内突出重围，让用户记住自己。企业可以从以下三个方面实现品牌与用户的"高效连接"。

1. 重复效应

据统计，一个成年人一天接受的信息可能还不如20年前的成年人多。可以看出，今天的信息量如此之大，以至于我们的大脑对信息变得不敏感。此外，用户的有效注意力降低，对信息的接受效率也越来越低。

心理学家认为，在一般情况下，人们在学习后，立即开始遗忘，而且遗忘的速度并不一致。一开始，遗忘的速度很快，然后逐渐变慢。在到达某个时间点之前，记忆就不会轻易被遗忘。

从营销的角度看，反复向用户灌输自己的产品理念是最好的方式。经常向用户输出信息可以降低遗忘速度。此外，重复不仅可以增强用户对其产品的印象，还可以消除用户对产品的疑虑。

例如，某种巧克力的广告词一直在向人们传输抵抗饥饿的信息，然而，它真的是一种适合用来抵抗饥饿的食物吗？很显然，这种巧克力只能算是一种普通零食。但是，通过不断的信息灌输，给人们留下了一种能够抗饥饿的印象，人们愿意为此买单。

这种品牌定位成为区别于其他巧克力的点，同时也让它在众多巧克力品牌中突出重围，找到了属于自己的市场。

还有很多类似的产品广告，通过这些广告品牌一步步突破用户的心理防线，让用户在潜移默化中接受自己的品牌并认可产品。

这就是重复的力量。

2. 实现产品的高频效应

随着互联网的发展如果品牌仍然按照之前的想法进行营销，效果可能不会很显著。由于网络流量的所谓精准性和碎片化，广告不再是"广告"，而是更多地针对小众群体。

不经常出现在公众视野中的品牌传播很容易被人遗忘。比如，曾经的一些知名手机品牌，在互联网时代发展之后，其身影几乎从大众的视野中消失。某运动服装品牌将 20 亿元的年度预算用于流量和效果广告，最终却牺牲了品牌建设。

这些生动的例子告诉我们，没有规划的宣传对品牌的发展毫无用处。只有通过频繁宣传，才能有力影响用户，当他们有购物需求时，会"自动"选择你的产品。

因此，品牌方应该注意广告的高频率，并在过程中投入资金和人力等资源，以击败竞争对手。追赶竞争对手，"占领"用户的大脑，以最快的速度让用户记住。这就是为什么当提到提神饮料时，你会第一时间想起"红牛"和"东鹏特饮"。

3. 增强产品的必然性

当前，品牌传播的成本越来越高。营销是一种投资。我们应该保持清醒头脑，在竞争激烈的市场中持续探索。只有通过持续的行动，才能获得成功。

在这个信息碎片化的时代，产品的必然性应该得到一定程度的提升。在选择媒体时，不能模棱两可，必须选择可靠的渠道进行宣传。

前几年，某服装品牌在流量和营销方面并不突出的情况下，面对话题炒作，始终坚持自己的立场，认为品牌的强势推广至关重要。即使推出公关话题,该品牌也会提前几个月加强分众传媒的硬广告投放,以提高用户对品牌的关注度。同时,还会投放大量的线上和线下广告,以增加用户接触品牌信息的频率。

近年来,该品牌在热门话题上的营销力度减少了,回归到传统媒体的硬广告。

口号的一再重复让用户有理由选择它而不是其他品牌,最终成功抓住了用户的心理,形成了购买意识,这也是其企业品牌获得成功的重要原因。

大量的信息加上人们记忆力的下降使得传播品牌变得更加困难,人们很难记住繁杂的品牌。

因此,品牌此时真正需要的是及时为用户开启抗疲劳模式,反复重播,增强产品必然性,不断加强自己在这个时代脱颖而出的机会。事实上,一夜之间打造品牌是不可能的,只有高频、有效地传递信息,播放的内容才能有效果。

03 口碑营销

在 20 世纪 80 年代,信息化水平非常低,广告也非常少。人们购买产品主要靠口碑传播,因此企业非常注重产品质量。

然而,有些企业把重点放在品牌运营上,忽略了生产环节。这主要是受到市场的影响,因为用户的关注点已经从产品本身转向品牌形象,例如,品牌的知名度和价格等。这些因素往往成为用户选择的重要依据。

随着新媒体的发展,信息越来越透明,广告也越来越多。媒体的宣传让市场上充斥着各种各样的品牌。现在,市场上不仅有知名度高的产品,也有价格昂贵的产品。随着人们思考能力的不断提高,越来越能够分辨出好的产品,而不会被品牌或价格迷惑。

因此,如果企业只是追求一个虚名而不重视产品质量,无法获得忠实的用户。高价格和质量的不匹配,只会让用户感到不满。

因此,企业在打造品牌的过程中必须重视产品质量,因为产品质量是企业建立良好口碑最重要的一环。

口碑营销

所谓口碑营销,是指利用用户之间的传播来分享产品、服务或品牌信息的一种营销策略。简单来说,就是借助用户对他人的信任为品牌背书。口碑营销的最大特点是强调真实、自发和人的互动,能够产生更高的信任度和影响力,因为用户更倾向于相信来自家人、朋友或同事的推荐。

那么,如何进行口碑营销呢?以下是几个关键步骤:

(1)确保产品质量和服务水平:口碑营销的基础是优秀的产品和服务。要想建立好的口碑,就要为用户创造有价值的产品和服务,才能获得他们长期的关注和支持。因此,企业需要不断提升产品质量和服务水平,让用户愿意分享和推荐。

(2)创造独特的价值主张:为了让用户关注和认同,企业需要了解他们的喜好、兴趣和需求,并根据这些定制口碑营销活动和宣传内容。这样才能让产品或服务在激烈的竞争市场中迅速获得用户的信赖和认可。

(3)建立品牌和客户关系:想要用户成为品牌的忠实粉丝,把他们发展成为"自己人"。企业可以通过社交媒体、线下活动等渠道与用户建立互动关系,给予高价值的用户一些特权,让他们主动为品牌做宣传和推广,从而提升品牌的信誉度和口碑。

(4)运用名人和网红效应:许多用户最信任的代言人往往是与他们经常互动的名人或网红。因此,企业需要找到对品牌有影响力的名人或网红,让他们成为品牌的口碑传播者。同时,持续关注口碑营销效果,收集数据并进行分析,以便优化策略并提高传播效果。

(5)营销活动和创意:现在的用户很容易被有趣或能引起共鸣的活动吸引,因此,创意是口碑营销的关键之一。一个有创意的活动能够迅速吸引用户的关注并产生话题效应。此外,还要适时为参与活动的用户提供一些激励措施,鼓励用户分享产品。

总之，口碑营销策划需要考虑到产品、服务、价值、客户关系、激励措施以及创意等因素。只有用营销的策略做口碑，才能确保用户能自发地传播品牌信息，从而实现营销目标。

营销取决于口碑

尽管一些品牌企业仍然注重营销而非质量，但是如何做营销也是一门学问。某体育相关品牌的独特之处在于，它主要依靠各界名人的推荐，没有使用代言人和形象广告。

回顾传统社会，人与人之间的圈子狭窄而紧密，良好的口碑传播将用户和周围的人联系起来。然而，在现代社会，大众市场像一片海洋，广告已经成为品牌的必需品。20世纪60年代和70年代，是大众传媒发展的鼎盛时期。随着大众媒体的发展，广告在当时变得非常重要。

如今口碑正在以另一种方式回归，用户不像以前那样相信广告的推荐。他们更相信在微信和微博上的朋友，尤其是专家的意见。因此，与前几年大众媒体主导的策略相比，营销游戏的规则也发生了变化。

首先，企业应该更多地关注产品本身的吸引力，而不只是宣传它；其次，企业的营销总体趋势将发生变化，变得更加依赖于社交营销，这比之前的广告更加详细。

04 蓄养品牌势能

物体所储存的势能越高,转化为动能时所释放出的能量就越大。因此,势能可被视为动能的一种储存形式。

当我们谈论品牌势能时,也可以将其视为一种类似的储存形式。品牌势能来自品牌动能的储存,这种储存可以使品牌在市场竞争中站得更高、能力变得更强,从而释放出更大的动力。

品牌势能是如何产生的

当然,提高品牌水平、形象和能量需要企业的努力。那么企业努力如何努力呢?通常情况下,可通过提升品牌的价值、吸引力、技术含量等方面,积累品牌势能。利用品牌势能,可以加强推广活动,从而获得很强的推动力,得到用户更好的认可和市场更好的反馈,快速扩大品牌影响力。

然而,很多企业可能没有意识到如何建立自己的品牌潜力,或者如何通过积累能量来获得品牌的强大动力,导致无法快速有效地打动用户。

当一个品牌的地位和代表能力足够强大时,它就具有品牌潜力。

品牌势能是一种自上而下的推动力,一旦形成,会形成一个密集的"能量体"。同时,任何品牌的势能是否足够强大,都是相对于其他品牌而言的。

那么,品牌潜力如何在对比中体现存在感呢?关键在于找到自己的独特之处。先找到自己企业的特点,比如,你的企业生产的产品是独一无二的,便能从中脱颖而出。

例如,保健品品牌首先瞄准高端用户群体。通过吸引该群体,获得品牌潜力。

要打造品牌,先要打造品牌潜力。企业可以通过各种方法迅速将品牌提升到一定的水平,从而形成品牌潜力。

品牌势能是企业占领市场的利器。如何快速建立品牌势能已成为每个品牌人必修的课程。事实上,资本是品牌建设的根本保障。在当前竞争激烈的环境中,需要持续进行广告输出,而不是一次性输出。

如何打造品牌潜力

个人品牌建设的本质在于潜在的差异。当你追求自己喜欢的事情时,你的价值感会完全不同。因此只有在高潜力状态下,你才能够展示自己的影响力。

如果你自己的势能不够,他人又怎么能相信你呢?了解这一点后,你就知道如何进行个人品牌建设了。

那么,如何建立强大的品牌潜力呢?

首先,强强联合可以塑造强大的潜在力量。如果一个团队能吸纳各种各样的名家供自己使用,实际上拥有了强大的潜力。毕竟,企业之间的竞争本质上是人才的竞争。

其次，利用强者的势能，形成企业的势能。有些企业并不是很强大，但当这些企业在一定的系统中成功利用强者的势能时，会形成企业的势能。

当企业使用权威认证时，权威是企业所依赖的力量；当企业使用明星代言时，明星是企业赖以成功的力量；当一个企业具有势能的特定空间时，这种汇聚点就是企业所依赖的力量所在。

此外，企业将通过一点点努力形成品牌的社会责任感和品牌价值，同时也将建立强大的品牌潜力。当一个品牌通过单打独斗的公益活动、高水平的高密度研发、数十年的形象传播，创造出一个温暖的品牌形象时，这些努力会凝聚成企业强大的潜力。而当一个企业善于实施品牌分类，创造新产品类别，创造一个品牌不同寻常的新视觉时，它也在建立自己的品牌潜力。

如何展示品牌潜力

当然，在建立了品牌潜力之后，更重要的是"被用户看见"。如果没被用户看见，那么你所有的努力都是白费。

因此，当我们建立个人品牌时，必须展示自身的潜力。如何呈现品牌势能呢？

1. 精确定位

现在很多人对定位感到犹豫，因为这非常困难。如果你把自己的品牌定位的是高端，你就不能说自己在做高端的同时降价，这是不合适的。

既然设定为一个高端品牌，应该在销售渠道方面拥有独家渠道。可以考虑开设一家旗舰店，为每个人创造一种专属的感觉。

如果与低端品牌混合，品牌形象会被稀释，品牌的潜力就会受影响。创建品牌是一项系统工程，不可能随意完成。否则，某雪糕品牌的事情就会发生，因为它的渠道不是独家，它的品牌定位也很模糊，没有持续的造势过程，以至于在网红品牌的光环下，它的势能被耗尽。

而与之竞争的一个品牌则一直塑造着一个非常高端的形象、保持着高价策略、拥有独家销售渠道，并进行大量的营销措施，以不断提高其品牌力。

另一方面，在用户的印象中，该品牌做了什么，采取了什么样的营销措施？也许用户在过去两年里记不住了。当该品牌刚出来时，用户可能会认为它是一个受欢迎的网红品牌，具有一定的知名度，但它并没有形成自己品牌。

创建品牌就像一场马拉松比赛，是一项需要持续努力的事情。如果不一直努力，用户很容易就会忘记你。

2. 确定目标消费人群

如果品牌的定位是奢侈品，那么目标消费人群应该是所谓高端人群，聚焦于此类用户。

当我们在这一领域进行定位时，自己的品牌形象将越来越清晰。如果我们有一些其他的行为，会干扰自己的定位。

如果奢侈品没有开旗舰店，可以在当地的摊位上出售吗？怎样能把它卖好呢？一般的思维是必须有专门的旗舰店来销售它。品牌的广告不是针对那些买不起此类产品的用户的，但这不是品牌的目标用户。

05 打造柔性品牌

尽管某雪糕品牌的品牌策略存在一些不成熟的方面，但不可否认的是，它在市场中获得了一定的地位。其品牌策略也有值得借鉴的地方，例如，品牌创始人曾提出"柔性品牌战略"的概念。

这种品牌文化内涵的创造是根据当前市场环境进行调整和改进的。柔性品牌战略并不是简单地给自己的产品贴上标签，而是通过不断创新产品、与其他潮流品牌合作引入新的口味，以满足年轻用户对个性和文化的追求。

从广义上讲，该品牌营销策略也是一种品类策略。

用户体验放在第一位

该品牌诞生于上海，这座城市的人们比较时尚。为了打造中国最好的冰激凌品牌，企业决定先成为用户认可的上海品牌。

价值决定了它是一个强调体验的品牌。事实上，这是一种聪明的选择。因为只要做好品牌和供应链，销售就不会有问题。

品牌的战场像花样滑冰赛场，不仅基本功要扎实，优美的舞姿也要展现出来，才能获得更多用户的喜爱。有些品牌看似在一夜之间赢得了掌声，但实际上它们是一步一个脚印，踏踏实实地做好每一件事。

用质量和创新树立企业品牌

企业如何持续发展呢？以下是两个关键点：

第一，注重质量。为了留住老用户，企业应该提高产品的质量。因为老用户都有自己的口味和标准，所以企业需要建立稳定的供应链，确保产品质量的稳定性。当用户使用产品时，每次的体验都应该是一样好，差异性很小。

第二，创新是关键。如果上一轮的产品无法吸引新用户，那么企业就无法依靠产品来发展。每一项创新都会吸引一批以前没有接受过品牌的新用户。因此，企业需要不断创新来推动企业发展。

提升品牌审美品质

不难可以发现，很多知名品牌的品类并不多，是专注于几个品类，同时提升品牌审美品质。正如前面文章所说，产品质量是最重要的，但产品的审美也同样重要。当一个产品被研发出来时，它的视觉美学、味觉美学和传播美学都需要得到重视。

我们知道传统的冰激凌市场是一个红海市场，竞争非常激烈。然而，一些品牌之所以能够获得成功，就是因为它们拥有与众不同的品牌审美。例如，瓦片形状的冰激凌在市场上独树一帜。当其他冰激凌都是筒形、块状或三明治形状时，该品牌将雪糕做成了瓦片形状，赋予其一个明亮的视觉符号。

在交流方式上，该雪糕品牌成功的关键在于致力于提高雪糕领域的审美，包括视觉、品味和传播。通过改进这三方面之后，在激烈的市场竞争中脱颖而出。

此外，企业在生产产品时应该具备大产品思路。所谓的大产品思路是指当企业创造产品时，必须考虑到用户看到、听到、闻到、尝到等多方面的感受。它还包括用户在获取产品的过程中感知到什么，以及产品最终在用户心中留下的印象，来自视觉、听觉、嗅觉、味觉、触觉和心理感受。

"眼、耳、鼻、舌、身、心"这六项中的每一项都需要得到充分满足，企业才能在市场上获得更大的成功概率。

品牌是沟通和整合的过程。消费品的未来应该是一个全面系统化的东西，需要具备柔性的品牌。柔性品牌像一个有多个标签的球体，无论从哪个角度都可以感受其力量。

产品端是刚性的，有严格的产品标准，而品牌端则相对灵活。企业不需要自己设置特殊标签，因为不同的用户对企业的品牌有不同的理解。其中重叠的部分和沉淀下来的形象，就是品牌在用户心目中的形象。

第九章 09

线上线下引流

线上线下营销模式已经成为企业的主要经营手段之一，尤其是线上营销模式。随着各种新媒体平台的兴起，企业的宣传重心已经从线下转向了线上，因此如何快速有效地获取线上流量已经成为企业宣传的重要任务。

　　然而，随着用户消费水平的提高，单一的线上营销方式已经不能满足企业的需求。因此，许多企业开始将目光投向线下引流，并通过一些有效的方式开展品牌推广、产品销售等活动。

01 搜索引擎的作用

引流手段和流量渠道有很多种，但不同渠道的流量质量可能存在差异。搜索引擎是其中质量、转化率和准确性较高的渠道之一。

为什么呢？因为人们使用搜索引擎查找信息是一种积极主动的行为。人们往往会针对某一问题寻找答案和信息，这意味着该流量相对准确且质量相对较高。这种需求是刚性的，不受地域、年龄、性别、职业等因素的影响。

虽然现在人们的搜索渠道非常多，但获取信息的方式通常还是集中在搜索引擎。只要了解搜索引擎的工作原理，以及如何布局关键词和发布内容，就可以通过它吸引大量的高质量流量。

如果你能够让搜索引擎更快、更多地收集你的内容，让你布局的关键词更多地出现在用户的搜索框中，会进一步提高流量的精准性。

因此，如果我们坚持让自己制作的内容进入搜索系统，并做好优化（SEO），就相当于利用大量机器和系统（由搜索引擎公司构建）自动帮助自己引流。

可能有些人会认为，现在是短视频发展时期，搜索引擎已经过时了。这种想法其实是一种误解。事实上，虽然短视频在近年来取得了快速发展，但搜索引擎仍然是人们获取信息的主要方式之一。因此，对于那些希望扩大品牌影响力和吸引更多潜在用户的人来说，SEO仍然是一个非常重要的策略。

无论是哪个时代，哪种引流方式，最终都离不开文字。即使是短视频，也需要设置好标题和标签。

无论是通过在搜索框中输入文本查找用户需要的信息，还是通过语音查找信息，都需要从文本开始并通过搜索系统查找所需信息。

在知乎、豆瓣、贴吧、搜狐等渠道引流时，除了这些流量平台的流量外，还可以利用搜索引擎的力量。因为搜索引擎中的数据用户会收集这些流量平台中的文本信息，从而为自己提供更多有价值的数据。

什么是搜索引擎引流

如今，当人们遇到不懂或有疑问的问题时，他们通常会使用百度、360、搜狗或UC浏览器等搜索引擎来寻找答案。当搜索完成后，会出现大量的答案。根据用户的使用习惯，他们通常不会关注后面的答案。因此，排名越靠前的信息越能吸引用户的注意。如何使企业的信息排名尽量靠前，需要进行信息流引流。

例如，有人需要了解一道菜的做法，会在浏览器中输入类似"什么菜怎么做"的关键词，点击搜索按钮后，会看到一大堆答案。这些答案都包括两部分：标题和内容。红色框称为标题，短框称为搜索或介绍。搜索引擎系统会自动识别标题和内容中的关键词，并编制索引。这就是搜索引擎精确引流的一般概念。

由此可见，若要通过搜索引擎引流，必须设置好标题和内容的关键词。只有这样，才能实现精准引流的效果。

用好关键词

可以说,设置关键词是做搜索引擎的第一步。

1. 关键词的重要性

关键词相当于用户的入口,精准的长尾关键词可以为企业带来高质量的流量。例如,如果有人想购买有效的减肥产品,她们可能会在百度上搜索相关的关键词,如"什么减肥产品比较有效""什么减肥产品安全""什么减肥产品可以快速安全地减肥"等。这些词都可以被称为长尾关键词。只要用户搜索到企业设置的关键词,就能够看到与此相关的内容。因此,企业应该收集尽可能多的长尾关键词。

2. 通过关键词来提高企业宣传内容的排名

软文标题需要融合 SEO 排名原则,将长尾关键词合理安排到标题上,这样软文一旦发布,会获得很好的排名。为了用软文进行精准引流,企业运营者必须学会使用百度推广的官方工具之一:关键词策划工具。进入百度后台后,点击工具中心并找到关键词规划师,即可免费使用。在关键词规划器中,输入搜索词以查找所需的任何单词。还可以根据百度统计数据实时显示用户搜索量、检索次数以及对应领域优秀平台的介绍。

最简单的方法是从下载数据的计算机桌面上提取关键词。下载完成后,将这些关键词替换为副本,然后交叉生成标题。

在找到需要设置的关键词之后,可以从关键词规划器中提取一些关键词来制作标题。对于软文的内容,也需要在不同的段落中穿插关键词。例如,如果你的行业有 100 个长尾关键词,你只需要使用这 100 个长尾关键词进行软文营销推广。随着推广量的增加,可以获得比较靠前的排名。一段时间之后,无论你搜索哪个关键词,都可以看到自己推广的软文信息,从而实现在首页上展示的效果。

内容的准备和发布

一般来说,宣传软文可以根据不同类型的风格进行编写,如产品评估、产品介绍和用户体验等。在内容中插入长尾关键词可以很好地提高排名效果。软文内容应展示产品的优势、差异以及良好的用户体验、反馈信息。这样一来,可以给用户留下好印象,并增加用户的信任。

当大量优质的软文已经准备好时,下一步就是将它们发布到权重较高的媒体平台,如新浪、网易、搜狐和腾讯等大型网站。一旦发布,很可能会被百度收录,然后获得不错的排名。

当然,也可以选择做付费推广,毕竟一个好的平台对于发布的内容来说是非常重要的,这也有助于提高排名。

02 微信引流

众所周知,微信是现在最受欢迎、最常被使用的即时通信工具之一。微信引流就是利用微信这个平台吸引用户流量的一种方式。例如,在微信公众号中推广内容、举办互动活动,或者在微信朋友圈发布有价值的内容等。

相信大家都已经熟悉了这些微信引流方式,每个人都或多或少关注过一些企业的公众号,也参与过一些类似的活动。可以说,微信已经成为当今企业引流的重要工具之一。

那么,微信吸引用户关注的方式是什么呢?

从整体上来说,微信有很多引流工具,如微信公众号、小程序、朋友圈等。其中,朋友圈引流可以说是最原始、也是比较有效的方式,而公众号则是最常用、也是最能被用户接受的方式。

朋友圈引流

朋友圈宣传是新手公众号最基本的粉丝来源。所谓的朋友圈引流是指利用微信朋友圈这个社交平台,通过发布吸引用户的内容,举办活动、互动等方式,吸引潜在用户关注并最终实现产品或服务的推广。而对于朋友圈广告宣传来说,最常用到的方式就是裂变引流。

如果想在朋友圈裂变引流,需要注意哪些关键点呢?

1. 发布独特且有价值的内容

在实现朋友圈裂变营销的过程中,发布独特且有价值的内容至关重要。独特、有价值的内容可以吸引用户关注,引发用户之间的互动和分享,从而实现口碑传播和用户数量的增长。

那么,什么样的内容才是有独特性的内容呢?简单来说就是创新、与众不同的内容,这样的内容可以激发用户的好奇心,促使他们点击查看并分享给朋友。展示这些内容的形式可以是文字、图片或者视频。

而有价值的内容顾名思义就是具有实用性、可帮助用户解决问题或满足其需求的信息。人们使用互联网时,除了满足日常娱乐需求外,还有学习以及解决工作难题的需求。因此,实用性的内容也比较容易引起用户的共鸣,使他们愿意分享给朋友。有价值的内容可以包括行业动态、实用技巧、深度分析等。

2. 举办创意挑战或活动

对于年轻一代用户来说,有趣的活动更能吸引他们的关注。例如,可以通过发起话题讨论、摄影比赛、知识问答等形式邀请用户参与,提高他们的曝光度和影响力。同时,企业在实施这些活动时,要确保活动与品牌定位一致,才能为品牌带来正面的活动效应。

此外,还可以通过"病毒式"营销来引流。"病毒式"营销是指那些能够在短时间内迅速传播并引起大量关注的内容。这些内容通常具有高度共享性、趣味性和互动性。以某网红为例,她就是通过创作"病毒式"短视频内容吸引了数百万粉丝,并成功与多个企业合作。她的团队创作的视频一般都和社会热点紧密联系,通过幽默风趣的表达方式,吸引了年轻用户的关注，满足了他们心理和情感需求。因此，这些类型的短视频内容非常容易获得广泛的传播和用户关注，是当下一种比较流行的"病毒式"营销策略。

微信公众号引流

除了朋友圈宣传，微信公众号也是现在企业宣传必不可少的工具之一。微信公众号引流是指通过微信公众号这个平台吸引、获取并留住潜在用户，从而提高品牌知名度和用户黏性，以及提升产品或服务销售的一种营销策略。

以前，大部分企业都拥有自己的官网。现在，几乎大部分企业都拥有自己的微信公众号。微信公众号成了企业宣传和传递信息的主要口径，是企业最主要的引流工具之一。

1. 微信公众号的分类

微信公众号根据不同的功能和属性，可以分为订阅号、服务号、企业号。不同类型的微信公众号，可以根据企业的宣传需求灵活选择。

（1）订阅号：主要用于发布资讯内容，适合媒体、企业和个人用于传递信息和知识。订阅号每天可以向关注者推送一次消息，关注者在微信的"订阅号"文件夹中查看这些消息。

适合人群：订阅号比较适合需要即时发布新闻、资讯等内容的企业。它最大的特点就是时效性比较强，可以随时通过订阅号传递信息和知识，与读者保持联系。

（2）服务号：服务号除了具备订阅号传递内容的功能外，还可以创立一些服务功能，例如，用户咨询、预订、支付等。不过，和订阅号相比，服务号传递内容的时效性较弱，每个月只能向关注者推送 4 条消息，但关注者可以在微信的聊天列表中看到这些消息。

适用人群：服务号比较适合需要为用户提供更多服务和互动的企业，例如，电商、餐饮、旅游等行业，服务功能比较强大。

2. 服务号和订阅号的区别

（1）订阅号每月可发布30篇文章，而服务号一个月只能发布4篇文章。

（2）订阅号不支持微信支付，但支持第三方支付。而服务号既支持微信支付，又支持第三方支付。

（3）订阅号无法获取用户数据，但服务号可以获取。

（4）订阅号可以由个人和公司注册，而服务号只有公司才能注册。此外，还有一种主要面向企业内部管理和员工沟通的企业号，企业号具有支持企业内部应用、员工互动、企业OA等功能。企业号已经升级为企业微信，独立于微信公众号体系。企业号适合需要内部管理和员工沟通的企业和组织，作为服务号和订阅号的补充，可以提高企业的管理效率和员工的工作满意度。

3. 服务号和订阅号内容及活动

（1）优质的内容是引流的关键。如果想要快速增加公众号粉丝数量，发布高质量的内容是一种不错的方法，例如，技能指导、实用建议和干货；或者提供安慰、表达情感、缓解压力或帮助表达，甚至疏导情绪的内容。因此，情感软文一直是热门话题。企业可以根据自己的定位，合理分配这三个内容在某个领域的比例。综上所述，用户不仅有理性的需求，也有感性的需求，企业可以通过知识＋情感＋信息来做内容。

（2）线上活动也是一种有效的引流方式。除了优质的内容和互推外，一些线上活动对于公众号引流非常有帮助。以下是几种线上活动的玩法：

①签到有奖：登录或连续签到就能获得奖励，这种玩法充满了噱

头,如果你坚持下去,可以获得好处。这可以激励用户保持持续参与的热情。这种玩法具有社交属性,用户可以与朋友和同学一起参与,不仅能共同赢得大奖,还能增进感情。

②有趣的测试。年轻人喜欢娱乐性质的内容,因此有趣的测试符合他们的口味。让用户自己选择答案并产生结果,满足个性化需求,同时也激发了用户的分享欲望。许多有趣的测试活动很容易在社交媒体上传播开来,形成裂变效应,会吸引更多用户点击并参与其中。

③投票活动。投票活动是公众号运营商需要花费最多精力的在线活动之一。它不仅可以刺激每个参与者拉票和分享,让用户获得奖品,同时也是吸引流量的最有效方式之一。

④比赛答案。通过这种类型的活动,用户可以与陌生人、朋友一起回答问题,大大增加了活动的互动性。知识竞赛就像游戏通关一样,对用户非常有吸引力。

⑤抽奖活动。关于线上抽奖有很多玩法,例如,大转盘、砸金蛋、开盲盒等。如果想让公众号热度不断攀升,建议使用评论抽奖的方式,因为评论能大大提高与用户的互动。通过评论抽奖的活动方式,企业不仅可以更好地了解用户的心理,为后续的内容输出和活动做好准备,更重要的是,还可以让用户在与商家的互动过程中逐渐产生或提高对企业的认可。

小程序引流

在微信巨大的流量支持下,微信小程序具有广阔的前景。如果企业或个人想要在微信平台上获得大量流量,可以考虑利用微信小程序进行引流。

那么,什么是小程序引流呢?小程序引流是通过建立微信小程序,向用户展示产品、提供服务，吸引用户关注并提高销售额。

以下是微信小程序引流推广的五种常用方法：

1. 场景营销

所谓的场景营销是指通过微信群、微信公众号、微信朋友圈等不同的场景宣传和推广小程序信息，引导用户进入小程序，从而实现引流的目的。

2. 活动营销

活动营销是小程序引流中常用的有效方式之一。通过向用户发放优惠券、抽奖、赠品等方式，吸引用户进入小程序，提升活跃度。

3. 口碑营销

当我们登录购物类的小程序时，常常会发现有分享获奖励的活动。只要我们将小程序分享给亲友，他们注册成为用户，就能获得现金或积分奖励。这就是小程序引流最常用的口碑营销形式。通过鼓励老用户将小程序分享给朋友和家人，可以吸引更多的用户。

4. 营销活动

举办各种营销活动，如折扣、抽奖、竞赛等，可以吸引用户关注和参与。这种方法可以快速提高小程序的关注度和活跃度。

5. SEO 优化

将小程序页面进行 SEO 优化，使搜索引擎可以更快、更全面地索引自己的小程序，让更多用户能找到自己的小程序。

以上方式都可以帮助你通过微信小程序进行引流。相信只要策略得当、用心运营和服务，就可以提高用户黏性和口碑，从而实现小程序的长期稳定发展。

03　App 引流

移动应用程序已成为许多人日常生活中不可或缺的一部分，而作为目前最受欢迎的引流工具之一，App 引流也为许多中小企业提供了引流的平台。

现在，当你打开应用商店时，你可以看到琳琅满目的应用，越来越多的公司正在开发自己的应用程序。

不过，开发小程序并不是那么简单。理想的应用程序开发流程如下：开发→发布→添加大量用户→每月吸引数百万用户→获得高额收入。

然而，实际情况往往并非如此。在发展→在线→每天新增几个用户→只有内部员工参与→项目被迫中止的过程中，我们可能会遇到很多挑战。

因此，开发应用程序只是成功的第一步。更重要的是，App 的运营以及如何让 App 被更多用户发现、使用和接受。若要实现 App 引流，需要 App 运营商持之以恒地推广。

企业 App 怎么做

在应用程序开发完成后,想要将其上架到应用商店,开发者需要注册开发者账号并提供相关证件。具体而言,注册公司主体需要提供营业执照,一般还需要申请《计算机软件著作权登记证》。对于涉及业务性质的平台,则需要申请 ICP 许可证(即增值电信业务许可证)。如果你想制作一个直播和平台信息发布 App,则需要有《网络文化经营许可证》。

此外,一些应用程序可能还要具备其他资格。例如,视频、电影和电视应用程序需要许可证,游戏或文化活动应用程序需要处理互联网、ICP、游戏运营备案、游戏版本号等问题,小说则需要出版物相关资质等。

除了证件要求外,做好内容定位也非常重要。在应用程序外部输出方面,产品名称和介绍、应用介绍、应用图标、应用截图等都需要提前准备好。这些都是应用程序的"前端",可以在标题和个人资料中添加关键字,以提高应用商店中的排名,方便用户搜索。

完成以上准备工作后,可以开始上线了。主要应用商店和下载站是用户下载应用的主要渠道。而推广的第一步是将其投放市场,因为这是最基本的。这不需要花费任何费用,只需要覆盖最大的范围即可。

应用商店:华为、小米等知名手机厂商都有自己的应用商店,可以作为主要的推广渠道。

第三方应用程序市场:腾讯应用程序、百度移动助手、360 移动助手、PP 助手等。这些市场存在于各大手机品牌企业中,可作为 App 推广和用户获取的辅助渠道,也可以作为主要的促销渠道。

以上是应用推广前的准备工作。如果你把以下基本工作做好,可以事半功倍。不要低估应用商店渠道的作用，它不需要投入任何资金，但可以帮助你免费吸引大量用户。

App 赢得用户的方法

那么，如何让 App 赢得客户呢？以下几种方法可以尝试：

1. ASO 优化

ASO（应用商店优化）是一种通过优化应用程序的关键字和描述信息来提高应用程序商店中的排名方法。它可以帮助用户的应用程序在搜索结果中更容易被发现，从而获得更多的下载量。

2. 地面推广

地面推广是指在公共场所进行推广活动，例如，地铁口等人流量较大的地方。工作人员可以摆放桌子并提供一些小礼品，吸引人们扫码关注，从而获得新客户。

3. 社交引流

社交引流是通过朋友圈转发、朋友推荐等方式将用户引导至你的应用程序。例如，美团外卖会为用户提供一些折扣和红包，当用户分享这些优惠时，用户的朋友也可以获得同样的优惠，从而吸引更多的用户下载和使用应用程序。

4. 内部转换模式

内部转换模式是指将企业内部的不同产品或同一产品的不同载体转移到一个应用程序上。例如，可以通过建行 App 指导建行生活 App，建行生活 App 还可以发放生活消费券。

5. 广告宣传

广告宣传是另一种常见的方式。你可以通过向线上和线下平台投放广告，精准地将流量引向潜在用户。

App 营销策略

现在，随着网络流量竞争的加剧，为 App 引流的营销策略变得越来越重要。以下是一些常见的方法：

1. 活动营销

活动营销需要运营商具备敏锐的市场洞察力和创意思维，以吸引用户关注并提高应用程序的知名度。现在，每个人都可以成为信息的传播者。通过讲述一个引人注目的故事，可以产生意想不到的效果。然而，这需要团队拥有一定的媒体资源。

2. 裂变活动

通过裂变活动，可以为 App 带来爆发式增长的用户。这种方式成本低廉，效果明显，但成功的关键在于想法的独特性和可行性。

3. 推陈出新

这也可以被视为一种裂变活动，因为它强调了对原有产品进行创新和改进的重要性。这种方法可以作为 App 产品内部运营活动的一部分，或者作为其功能之一，从而帮助 App 自身实现用户持续增长。

总之，以上是应用推广获客的常见方法。在推广 App 的过程中，可以根据自己 App 的特点和发展阶段选择合适的推广渠道和方式。

04 直播营销新潮流

现在,网络直播的方式变得越来越简单,只需要一部手机就可以开直播。通过直播带货,主播可以吸引粉丝观看在线直播,并根据销售额提高产品的销量。线下商店也紧随其后,开始在网上转型发展。

然而,许多人都会遇到这样的问题:为什么别人的网络直播会有数百万人点击,而自己直播几个小时都没有 100 人点击?因为他人本身就具有一定的知名度。那么,在没有粉丝的情况下,如何吸引更多的用户进入直播间呢?流量是一次性的,而粉丝是长期培养的。将直播中的公域流量转化为私域流量,能更好地维护粉丝。

多平台引流

如果你在抖音 App 中的宣传不足,你可以利用站外平台来推广和策划你的直播间。例如,在新浪微博上发布文字和图片信息,告诉粉丝自己的抖音直播的时间,并发布"诱饵"吸引越来越多的人进入直播室。

此外,你可以根据各种有奖励的方式,如转发、评论等,通过粉丝之间的裂变来推广你的直播间。还可以在微信朋友圈邀请你的朋友到直播间，发布网络直播的预热信息。

直播预热和互动

短视频预热创意文案的重点是，直播者需要告诉观众将在何时、何地、是否有福利、有什么亮点等信息，以激发用户观看直播的冲动。例如，主播可以提供有哪些福利等内容。

一般来说，如果你想吸引观众进入直播间，你的在线直播平台可以选择以下三种方法来预热创意文案：

（1）制造悬念——激发用户的好奇心。

（2）使用数字——可视化卖点。

（3）简洁明了——增加距离，一目了然。

这些方法有利于提高网络直播平台的吸引力，获得越来越多的流量。这些只是预热网络直播平台、提高直播间知名度的一些方式。

在直播开始之前，一定要利用各种渠道为直播间聚集人气。当直播间有了一定的知名度后，才可以不断吸引新用户的关注。同时，也需要网络直播平台设置好"显示位置"，这样系统才会将网络直播平台推送给同城的人，才能提高曝光率，并为网络直播间带来越来越多的人气。

此外，主播还可以选择与其他相关服务平台进行合作，以扩大受众群体。例如，如果你的产品是面向体育专业人士的，可以寻找与体育相关的直播平台进行合作，借助业内知名人士的宣传来吸引更多的精准粉丝，从而增加直播间的参与人数。

在直播过程中，要更加注重提供有价值的信息，只有不断输出优质内容，才能留住粉丝并实现长期发展的目标。同时，在直播过程中与粉丝互动，促进在线交易也是非常重要的。

当然，在直播期间还可以通过各种互动活动持续吸引粉丝。例如，通过抽奖和发放红包等方式改善直播的互动交流氛围,提高直播推荐量。

例如,在直播期间发送红包并设置接收红包的倒计时,可以提高用户在直播中的停留时间。因为直播的火爆程度在一定程度上决定了直播带货的销量,因此做活动的目的就是提高粉丝的黏性。在活动过程中,只有企业与用户建立了信任关系,才能逐步实现产品的销售。当第一次直播成功后,后续的直播就不容易失去人气,更容易吸引更多的观众。

直播付费引流

除了自然引流外,还有一种类型是付费流量,即为用户流量付费。转化率取决于DOU+的推广方式、作品质量和账号权重等因素。

1. 小视频+推广

如果主播账号上有高曝光率的小视频,可以为DOU+的推广付费以获得更多曝光率,然后在DOU+推广期间开始直播。这样,当用户看到主播的小视频时,可以点击主播的头像立即进入直播间。

2. 直播+推广

在直播过程中,主播可以购买DOU+推广服务提高热度。建议在购买DOU+推广服务前明确推广目的并进行精准定向推广。在直播时应立即进行推广以提高用户转化率。

无论是付费直播还是免费直播,都应站在广告的角度去做直播。找到每个用户都喜欢的信息并不容易,而精准推送目标受众的需求是所有广告商的最终目标。

当然,以上方法只是技巧,只有在内容足够吸引用户的情况下,才能发挥更好的效果。

05 裂变营销

裂变营销是在加强传统终端促销的基础上进行的,其核心是利用用户之间的传播来扩大市场规模。这种模式实际上是指终端市场的裂变,但市场不能一开始就能全面铺开并得到快速发展,需要经过长时间的培育和账号品质的提升,才能实现量上的突破。

同样的内容在拥有 30 万粉丝的账号上发布,很有可能带来 3 000 个新粉丝;而在一个新账号上发布,可能只会带来 3 个新粉丝。此外,拥有大量粉丝的账号营销成本接近于零,因此在进行裂变营销之前,需要先积累一定的粉丝,才能以最低成本实现营销效果。

同时,好的内容才能带来好的裂变传播效果。优质内容可以吸引更多的粉丝和客户,从而最终为企业带来收益。除此之外,裂变营销还需要考虑其他条件,如何制定合适的推广策略、如何提高用户的参与度等。具体的实施方法则需要根据不同的情况进行调整和优化。

裂变效应

传统的企业营销通常包括产品研发和渠道推广。然而,随着时间的推移，营销成本和渠道成本不断增加，这对企业来说是一个难以承受的负担。因此，只有拥有优秀的产品、平台和裂变策略，才能够以低成本发展。可以说，移动互联网营销的本质就是裂变营销！

裂变营销是指通过在社交媒体平台上发布包含"诱饵"的内容来吸引用户分享，从而实现一个用户带动多个用户的裂变效应。这种方法可以让企业以低成本获得数千名粉丝，并将这些粉丝转化为企业的忠实用户，为企业带来利润。

策划裂变营销

在前面的文章中，我们提到了微信裂变营销的形式。微信裂变营销是指通过微信用户自愿分享将信息快速传递给更多用户的营销策略，是品牌最常用的裂变营销形式之一。

那么，如何进行微信裂变营销呢？其实，和其他裂变营销活动一样，需要明确目标和目的，例如，提高品牌知名度、增加粉丝数量、提升产品销量等。然后选择合适的载体进行裂变，例如，微信公众号、朋友圈、小程序等微信平台载体，以实现最佳的裂变效果。

此外，为了吸引用户参与和分享，需要设计有趣且易于参与的活动，例如，挑战赛、抽奖等。同时，设置鼓励机制，例如，用户分享之后可以获得优惠券、积分等奖励，并通过精准的文案，让用户能"一键"参与和分享活动。全渠道发布活动也是必要的，包括公众号、合作伙伴、微信广告等，以提高活动的曝光度和用户参与度。同时，实时监测活动数据，例如，参与人数、分享次数、转化率等，对活动策划进行持续优化。

最后，在活动结束后，需要对裂变营销活动的效果进行复盘。这样可以了解活动的优点和不足，为下一次的裂变营销活动提供经验和借鉴。

通过以上策略，企业可以有效地利用微信平台策划裂变营销活动，提高品牌知名度。同时，根据不同的目标用户和场景进行灵活运用，以达到最佳的裂变效果。

裂变营销的方法

1. 以老带新裂变

这是一种有效的通过老用户带来新用户的策略。企业可以节省促销成本，只需与老客户建立联系，并让他们成为自己的推广者。

2. 分布裂变

借助用户的社交网络分享和传播真实流量的另一种直接方式是与用户分享销售链接的价值。这不仅可以锁定老用户，还可以帮助用户利用碎片化时间分享和增加流量，并通过将用户使用的社交空间作为营销场景来增加销量。

3. 质量裂变

在电商模式中，最常见的裂变方式是让第一批加入社群的用户享受更优惠的价格。同时，通过对优质用户进行分组管理，以提高服务的质量。小组的优势在于小组成员可以获得更大的优惠待遇和更优质的服务，从而驱使更多裂变。

4. 社交折扣裂变

社交折扣是一种用户为其消费支付的溢价，然后再自动推送给其他用户。用户可以通过微信和微信群与多个朋友分享折扣，吸引新用户，同时也能获得分享奖励折扣，在下次购物时抵消部分费用，从而促进二次交易。

无论是使用 App 还是小程序作为载体，只要通过建立折扣奖励体系，就可以利用用户的社交关系链，拆分出大量新用户。

5. 社群裂变

社群裂变在社交零售中扮演着非常重要的角色。社群可以在线上吸引具有共同特征的人聚集在一起。例如，如果你推出了旅行社的电商平台，可以通过旅行社群吸引精准用户，并通过发布旅游信息吸引和激活用户。这些用户也会邀请同样喜欢旅游的朋友加入社群，从而实现用户上的裂变。

06 玩转"饥饿营销"

近年来,"饥饿营销"已经成为一个广为人知的术语,许多知名品牌也擅长运用"饥饿营销"策略。例如,某品牌手机被称为"手机性价比之王",成功地利用了"饥饿营销"。

"饥饿营销"通常适用于产品或服务的商业推广。简单来说,为了调整供需关系,制造供应缺乏的感觉,提高产品形象,保持商品的高价格和高利润率而有意减少产量的营销策略。

尽管有些人认为"饥饿营销"是为了减少产品数量,使其变得稀少,但实际上并不是那么简单。

营造积极的"饥饿感"

许多人认为"饥饿营销"就是让用户一直感到饥饿,实际上这种想法是错误的。"饥饿营销"也有其原则。那么,企业需要具备哪些条件之后,才能进行"饥饿营销"呢?

1. 具有竞争力的产品是前提

若要进行"饥饿营销",企业必须选择具有强大竞争力、独特创新特征的产品，并且不能在短时间内被模仿或替代。只有这样，用户才会被吸引并有足够的理由等待竞争产品的推出。

2. 强大的品牌影响力是基础

使用"饥饿营销"策略的企业通常具有强大的影响力，受到用户的认可，并具有较高的忠诚度。只有这样，才能营造"供不应求"的抢购氛围，让用户顺利进入购买状态。

3. 引起用户购物欲望是关键

当前，完全理性的用户是不存在的，用户或多或少受一些消费欲望的影响。因此，企业需要了解用户的消费心理，以更好地选择营销方式并真正触动用户的购物欲望。

4. 有效的宣传是保证

为了在"饥饿营销"中取得成功，该产品应在上市前通过媒体进行宣传，以提高用户的兴趣和胃口。"饥饿营销"的效果与宣传媒体的选择、时机和方式密切相关。例如，某品牌手机深谙此道，每次在市场上推出一款新产品时，都会采取独特的传播策略：发布会—发布日期公告—等待—发布新闻报道—通宵排队—正式发布—全线缺货—行情看涨。这样才能营造出"供不应求"的好氛围。

从表面上看，"饥饿营销"的运作似乎非常简单。设定一个惊喜的价格吸引潜在的用户，然后限制供应，制造供应缺乏的市场，从而提高价格并获得更高的利润。

然而，"饥饿营销"的最终目的不是调整价格，而是为品牌增值，这是一种积极的作用，而非消极的影响。

如今，商家经常使用类似的策略为用户营造饥饿感。那么，如何操做呢？

"饥饿营销"的四步骤

第一步：吸引注意力。

要成功实施"饥饿营销"，先要吸引用户的注意力。如果用户对你的产品没有兴趣，何谈饥饿。让每个人关注产品并建立初步了解是"饥饿营销"的第一步。通常，"免费"和"礼物"是吸引用户的最有效手段。

第二步：建立需求。

吸引用户的注意力只是"饥饿营销"的第一步，还需要让用户找到自己对产品的需求。如果用户只关注自己的需求，而不想拥有这个产品，那么你仍然无法实现你的目标。

第三步：建立期望。

成功吸引用户的注意力之后，还需要帮助用户建立一定的期望，并使他们对产品的兴趣越来越强。

第四步：建立条件。

这一步是设置获得产品所需的条件。

在完成上述一系列组合拳之后，所谓的奖品和产品很快被用户被"抢"走。

"饥饿营销"的另一个有效的方法是建立私域俱乐部，只对会员开放，不对外开放。想成为会员吗？光有钱是不够的，还有一系列其他条件。通过这些条件，让用户觉得成为会员是一件很有"荣誉感"的事，条件越苛刻，想要加入的用户就越多，从而忽略了价格。

"饥饿营销"不能过度

"饥饿营销"虽然好用，但也要适度，如果把握不好，会起到负面的效果。因此，需要注意以下几点。

（1）产品应符合用户的认知。当企业推出新产品时，一定不能偏离用户的认知，否则将不利于信息的传播。如果你推出了一款产品，而用户对它的认知不够清晰，那么很少有人愿意购买它。

（2）不应急于扩大市场。在此过程中，企业应严格控制相应条件。慢慢扩大市场，不仅可以降低风险，还可以给部分用户留下深刻印象。通过他们的宣传，更多的人期待拥有这款产品。

（3）"饥饿"应该适度。这里的"适度"包括两个层次：价格和数量。即使"饥饿营销"在数量上稀缺，企业也不应故意将价格调得过高，否则用户的购买力会下降，"饥饿营销"的作用将不复存在。一旦产品数量过于稀缺，将难以满足用户群体的基本需求，这将大大降低这款产品的声誉和知名度。因此，"饥饿"应该适度，并在价格和数量之间保持良好的平衡。

总之，此类营销要合理合法，不能破坏市场秩序。

07 社群引流

只有当你的客户成为用户,用户成为粉丝,粉丝成为朋友,你才算得上拥有一个真正的社群。

随着互联网的发展,用户的消费理念也随之改变,用户参与感更强。也就是说,用户的参与感可以提高他们对产品的兴趣和购买欲望。

社群是什么

社群营销是一种基于共同兴趣或相似属性的商业形式,通过各种载体聚集人群,并提供产品或服务以满足群体需求。社群营销并不局限于微信平台,线下场所和社交圈也可以用于社群营销。

社群成员通常具有相同的属性,这使得他们之间的联系更加紧密,从而提高了社群的价值。社群可以在微信小程序上建立,与微信群不同,因为微信系统无法搜索到微信群。建立社群时,名称应反映其共同属性和类别,以便有效地识别加入社群的人。社群类型多种多样,例如,按姓氏组成的家族群、按地理位置划分的老乡群、按职业划分的微商交流群、按兴趣划分的汽车交流群等。

根据不同的兴趣爱好，还可以建立购物群、化妆群、主播交流群等；根据行业和生活方式，可以建立宝妈育儿群和生活方式群等。对于以微信为起点的社群分类来说，共同属性越明显，用户档案越精准，网络价值越高，社群产生的裂变价值也越大。成功的传播社群必须为用户设定相同的目标，并拥有自己的运营系统。

简言之，建立一个成功的社群需要找到一个核心焦点，将共同属性联系起来，并为用户带来价值。没有价值的社群是没有意义的，也无法长久存在。因此，在组建社群时，需要找到具有相似兴趣的人，即志同道合的伙伴。当然，这些成员必须认可你的产品或服务。

社群营销的关键是拥有某个领域的专家或权威，以建立信任感和传递价值。通过社群营销，我们可以提供产品和服务来满足个人社群的需求。

如何做社群营销

社群建设的目的是满足人们在交友、学习、生活和商业等方面的需求，也就是确定社群的定位。

一个好的商业社群系统应该具备以下特点：

(1)用户无须下载 App 即可进入社群，通过小程序、朋友圈、QQ、微博等平台参与社群内容和营销活动。

(2)社群人数没有限制，企业可以将用户分配到所有主要社群中，并且可以投入少量人力管理社群。

(3)销售介绍的用户和裂变而来的用户都是直接绑定的，销售人员可以与非朋友用户进行沟通。

(4)该系统可以帮助销售人员激活用户，同时也可以帮助企业管理人员激活用户，让用户回到社群。

(5)企业的电子商务可以无缝融入社群，实现真正的社交电子商务。

那么，企业如何才能通过社群取得显著的效果呢？

华为 Mate 40 系列手机的推广活动堪称社群营销的成功案例。首先，在活动开始前，华为进行了预热活动，如在微信、QQ 等社交媒体平台上建立了名为"Mate 40 族"的社群，吸引了大量 Mate 40 手机用户和潜在用户的加入，他们对产品的热烈讨论提高了活动的热度。同时，给社群用户赠送礼品和优惠进一步增强了用户的黏性。

在社群活动中，华为邀请了一些知名博主免费试用手机和体验手机，并通过他们的分享扩大了品牌的影响力和口碑。此外，在"炒热"活动之后，华为还通过微信公众号、微信群等渠道不断推送最新技术资讯、产品功能介绍和用户反馈等内容，与用户进行互动和交流。

成功营造了活动热度后，华为采取了一系列线上线下活动，包括线上抽奖、问答游戏等，以及线下在各大城市举办产品发布试用活动等。这些活动不仅展示了 Mate 40 系列手机的各种功能和特点，还向用户提供了试用机和礼品，以吸引用户的关注和认同。此外，社群发布的试用信息也为活动带来了更多的热度。

通过以上社群营销方式，华为成功吸引了大量用户参与和关注，打开了 Mate 40 系列手机的销售市场，并取得了非常显著的销售业绩和正面的用户评价。

这表明企业只要学会运用社交媒体等平台的流量，建立优秀的社群并不断提供优质的服务和内容，就可以实现"拨千斤"的效果，从而获得更大的市场份额和用户的认可。

通过华为的案例，我们可以看到，很多社群营销活动都需要经过预热—宣传—持续宣传—线上线下活动等步骤，每个步骤都有其意义和效果。只有踏实完成每一步,才能让社群营销活动发挥出应有的作用,以及获得用户最大的认可。

社群营销的关键秘诀

如果社群太小或太大,都难以满足成员的需求。因此,社群必须能够满足成员受到尊重和照顾的需求,而社群营销的关键就在于创建用户的情感认同。

以腾讯的朋友圈为例,它被定义为"连接所有",旨在促进朋友和朋友之间的情感联系。成功社群的核心最终必须是情感。在朋友圈里,每个人都可以分享自己的工作、生活、爱好,甚至让远离家乡的朋友也能了解自己的动态。因此,推广者应该将社群视为朋友圈,并真正将每个人都视为朋友。在与他们进行沟通、交流、关心、点赞、评论、回答和建立情感联系时,需要秉持一个想法:不要贪多贪杂,要"小而美"。

通过以上分析,可以看出,社群营销的成功离不开情感认同的建立。只有当社群成员感受到被尊重和照顾时,才能真正实现社群的价值。同时,要注意社群的大小和质量,避免过度扩张和低质量的成员加入。

没有良好的秩序,人们只会闲聊,甚至产生矛盾等,这样的社群可以说是一文不值。最重要的是利用群体成员作为传播的渠道,建立有效利用的方法。

总体来说,从新媒体营销到移动营销,再到社群营销,大量人都成为传播的中介。现在,无论是网红还是直播,他们所做的无非是自己的垂直细分领域。然后,他们最终将转向社群模式,将有共同需求的人分组到自己的领域中。拥有精准目标用户和少量人的社群将逐渐取代盲目追随者。这需要一个小而美丽的群体,在满足用户需求的同时,也满足了自己的价值。

08 跨界营销新玩法

近年来，营销界兴起了一种全新的玩法——"跨界营销"，它打破了不同行业和品牌之间的合作边界，为消费者带来了全新的视角和体验。通过跨界营销，企业之间可以互相借鉴、合作，提高用户对企业品牌的认知度和关注度。

这种创新的玩法深受年轻用户的喜爱，尤其是那些喜欢尝试新事物的"爱玩"用户。那么，具体来说，跨界营销怎么玩呢？

什么是跨界营销

简言之，"跨界"意味着将与品牌原创无关的内容渗透或整合到品牌中，以创造集体感和深度感，这是一种融合前沿生活态度和审美风格的创新方式。

跨界合作的边界并没有明确的规定，不同人有不同的理解。有人认为，这是行业之间的合作，即不同行业的企业进行跨界合作；也有人认为，这是心态上的跨界合作，即使在同一行业也可以实现；还有人认为，这是资本的跨界合作，大公司和小公司都可以进行跨界合作。

通常来说,能够成功建立"跨界"的品牌都是具有互补性的产品(特指用户体验的互补性,而非产品功能的互补性)。自 2019 年以来,越来越多的知名企业品牌开始通过"跨界"营销来寻求企业协同效应,从而实现"1+1>2"的营销效果。

跨界合作的三层境界

第一层境界:资源共享。

这种跨界模式最容易进入,但企业应注意在拥有共同用户的前提下选择合作伙伴。

第二层境界:知识产权合作。

海尔集团依托企业新媒体打造的"中国品牌日",融合了旺仔牛奶、泰山啤酒等多个品牌,以小预算撬动了大传播;同样,天猫推出了"中国时尚行动",以打造中国产品的联合品牌。六神 RIO 鸡尾酒大受欢迎,该企业品牌名利双收。

第三层境界:无边界营销。

无边界营销是跨界合作的理想状态,而无边界营销的核心驱动力是共同的文化价值。在此基础上,两个不同的企业可以分享产品和人才。

跨界营销怎么做

随着互联网用户和流量增长的进一步放缓,企业越来越感到流量焦虑。为了争夺更多的流量,企业在产品和渠道上不断投入,导致信息消费过度和营销困境。跨界营销的优势在于将原本不相关的产品或品类融合起来,利用双方的优势资源扩大现有的流量渠道和消费场景,从而实现品牌相互渗透和影响,这是营销的新趋势,可以达到 1+1>2 的营销效果。

一般来说，跨界营销有四种常见类型。

1."跨界"产品

产品交叉是企业交叉的最常见形式。其中有两种基本玩法。一种是通过 IP 或内容授权推出另一个新产品，例如，肯德基版的可达鸭；另一种是产品联名，即企业 A 和企业 B 联名推出新产品，如六神和锐澳联名推出的六神风味鸡尾酒，两个企业的特点相互包容。

2."跨界"内容

内容跨界是指由跨界品牌双方共同创造并融入彼此元素的内容，通过内容传播到两个群体。在这个过程中，消费者不仅是听众，也是共同创造者。这种合作门槛低，但想做成爆款，对内容的要求相对较高。

3."跨界"概念

这种跨界是基于双方共同的品牌或产品理念，深化和升华双方的价值观，以达到 $1+1>2$ 的效果。例如，戴尔与博士的合作融合，升华了戴尔用屏幕探索世界和博士用音乐探索世界的理念，带用户探索外星的问候语，并以视频＋聆听的形式进行解码，成功诠释了两款产品的核心卖点。

4."跨界"资源合作

资源跨界合作主要是品牌双方在产品销售过程中的跨界合作，利用品牌的渠道能力为消费者提供附加价值。这种跨界合作可以利用甲方的渠道优势来弥补乙方在渠道上的短板，同时乙方的增值产品也可以提升甲方产品的价值，实现双赢。

上述跨界方法是营销活动中常用的类型。然而，无论是获得 IP 授权还是进行联名新产品的研发，企业都需要付出经济和人力成本，这对于小规模企业来说是一项不小的挑战。

跨界营销的目的是利用品牌方的影响力来实现营销目标。同时,流量所有者也可以在私域使用其他品牌方的权益产品,借助其他产品的优势实现创新、推广和转型,最终实现流量商业转化并获利。

09 爆品营销

什么是爆品？爆品指的是在短时间内迅速占据行业领先地位的产品。其主要特点包括：爆发性、速度快、覆盖范围广、销量大。其本质特征是高品质和低价位。

"爆品营销模式"是一种能够快速推动产品进入市场、实现阶段性业绩目标并产生品牌轰动效应的营销策略。

爆品生产的四个原则

爆品生产必须遵守四个原则，即精准的目标、良好的产品、正确的市场选择和快速引爆。

1. 目标精准

营销是为了满足用户未被满足的需求。那么，如何洞察真正的需求，以免落入用户需求不足的陷阱？举例来说，蒙牛在多年前推出了一款名为"晚安"的牛奶，当时的诉求是"晚上喝，易吸收"。后来，包括伊利、光明、三元等品牌都推出了晚安奶，主要诉求点也是更好、更容易被吸收，但都以失败告终。为什么？很多用户最担心的是，如果晚上喝了，会不会发胖？于是在2019年，蒙牛又推出了一款"晚安"牛奶，但这一次，它将诉求改为"晚上喝得好、睡得好"。精准面对失眠群体，蒙牛这次的诉求点更加精准。当然，它也在产品配方上做出了巨大的改变。该产品推出后，蒙牛采用了特殊渠道销售，采购订单不少，可以说是比较成功的。

总之，企业制造爆品需要遵循精准的目标、良好的产品、正确的市场选择和快速引爆这四个原则。同时，要洞察用户真正的需求并根据需求进行创新，才能成功地制造出具有影响力和竞争力的爆品。

2. 产品好

做一个好产品，就是要挖掘它的核心价值。为此，需要注意三点：一是挖掘核心价值，二是创新品类价值，三是使用语言钉和视觉锤。创造一个好产品不是一个简单的概念，而是一个真正能为用户带来核心价值，这是竞争的基础。例如，某冰泉矿泉水，大家都非常熟悉。实际上，它的水源很好，是优质的天然矿泉水。

然而，该冰泉矿泉水最终以失败告终。为什么？因为该冰泉矿泉水没有找到自己的核心价值。在促销期间，该企业开发了一系列概念，如泡茶和烹饪的香气等，让用户眼花缭乱，无法找到或记住其核心价值。相反，看看农夫山泉矿泉水，诉求点是"农夫山泉有点甜"，主要的想法是自然水的概念，结果获得了成功。

3. 市场合适

在市场选择上，也有三种观点：一是有效进入目标市场，二是精准定位销售渠道，三是线上线下合理布局。并非所有能销售产品的地方都是目标市场。你必须找到核心市场，从核心市场突破，然后进行扩张。某凉茶品牌最初在哪里失败了？因为产品在许多渠道都没有销售，导致许多经销商对此失去信心。经历了一段痛苦的经历后，该凉茶企业专注餐饮渠道,最终走向成功。

4. 快速引爆

快速引爆是为了抓住机会点燃市场。在爆品营销方面:一是要找到正确的意见领袖,二是要抓住传播的机会,三是要层层引爆市场。如果没有忠实的粉丝,这个品牌就会像浮萍一样毫无根基。只有建立深厚的用户基础,才能更好地扎根市场,才能引爆市场。同时,还需要逐个引爆市场。在移动互联网时代,已经形成了不同的社群,具有不同的符号。一个品牌的引爆需要多个社群逐级引爆,将每个点连接起来形成一条线,最后覆盖整个市场。

传统营销与爆品营销的区别

传统营销与爆品营销可以从以下四个方面进行区分:

1. 产品

传统营销的产品规模大且全,类型多且利润低,尤其是快速消费品。爆品营销的产品规模小且精,品类好,利润高。爆品性产品通常专注于精准的目标用户,并使他们成为极其忠实的粉丝。

2. 用户

传统的营销方式没有精确的目标用户,可以说是向所有用户销售一款产品。结局肯定是奶奶不疼、叔叔不爱。而爆品营销专注于精准的目标用户,并使他们成为极其忠实的粉丝。例如,江小白,目标用户群体非常精准。

3. 市场

许多企业开发一种产品,特别是中小型企业,以吸引全国各地的投资,而不考虑关键市场和新市场,能卖多久就卖多久。这不可能成为爆品。那么,爆品营销的原则是什么?企业必须找到正确产品的核心区域和可以引爆的区域。也就是说,企业在当地有很好的用户基础。

4. 促销

传统营销通常采用低价促销、打折、特价等方式,资源浪费很严重。而爆品营销主要是通过提高产品的价值推广产品,通常很少采用廉价促销的方式。它在推广中的关键应用是什么?公关策略要达到小而广的效果。制造爆品的企业非常善于利用互联网和新媒体。近年来,许多爆品出现在一些跨界企业品牌中,而不是传统企业品牌。

引爆市场

确定市场机会是开发爆品的第一步。一个小池塘无法承载爆品,因此,必须确保爆品具有可引爆市场的特质。

提出爆品的概念是第二步。锁定市场并提出概念,这是成功开发爆品的关键。

爆品的可行性评估是第三步。先确认这是一个机会吗?如果这是一个机会,它是否属于自己?进行深入的分析和评估非常重要。

爆品的开发和制备是第四步。这需要反复测试和改进。爆品首先是一个概念,一个创意,然后是一个实体产品。

制定严格的爆品上市计划是第五步。在爆品出来之后,需要制订详细的上市计划,以指导产品的进一步推广和销售。

实施爆品上市是第六步。将上市计划转化为实际业绩,需要企业全力以赴地推进实施。在上市过程中,要确保实施过程精准有效,这是第七步。追踪爆品清单可以帮助企业及时发现问题并进行调整。

最终引爆爆品是第八步。如何引爆爆品?企业必须找到更大的机会。想要创造一个爆品性的产品,企业需要建立在深入了解用户的基础上。洞察是关键词,意味着拨开迷雾,看清事物的本质和根源,从而找到市场机会。这是未来开发爆品的基础。

那么,如何寻找爆品呢?寻找爆品有五种方法。

1. 电商平台的大数据研究报告

每个人都应该对大数据有正确的认识,大数据是一系列有价值的逻辑数据,不是简单的用户名、性别和联系信息的集合。未来的商业模式建设必须通过大数据来实现。大数据可以为企业带来巨大的价值和机会。

数据显示,大家电的销售量不如以前,但迷你小家电,如迷你面包机、洗衣机、冰箱等,卖得很好。一些小家电的年增长率高得惊人,这是一个非常大的市场机会。

2. 发达市场同类产品的趋势研究

许多行业的发展肯定会参考发达市场同类产品。目前,成熟市场走的道路,也将是自己企业未来可能走的道路。因此,了解发达市场同类产品的趋势对于企业的发展至关重要。

3. 竞争对手战略弱点的分析与解决

竞争对手战略弱点的分析与解决也是企业成功的关键之一。以某茶饮品牌为例,它的年销售额已经接近 200 亿元。该品牌抓住了市场上玻璃瓶装饮品运输和携带不便的空缺,推出了一种常温便携式瓶装,一举成功。

4. 挖掘用户的新需求

挖掘用户的新需求也是企业获得成功的重要因素之一。可口可乐卖得这么好,它不断通过挖掘用户需求来改进产品。随着人们健康意识增强,对高糖产品的抵抗力逐渐增强,可口可乐精准抓住了用户的痛点,推出了"无糖、无热量"的零度可乐等产品。

5. 新技术和新材料的开发和应用

新技术和新材料常常颠覆一个行业,这是解决许多问题的根本办法。例如,食品行业出现了一个颠覆性的现象——替代品的推广。因此,当这种产品一经问世,产品会迅速获得关注。

总之,企业引流是一个不小的课题,企业的所有成员都有责任,也可以成为引流的渠道。企业领导者需要建立不断引流的思路,企业的营销人员需要不断学习新的引流技巧,普通员工也可以成为产品宣传的自媒体。只要企业集体行动,抓住市场机遇和挖掘到用户需求,就一定能做出爆品,突破眼前的流量困境,在移动互联网时代获得生机!